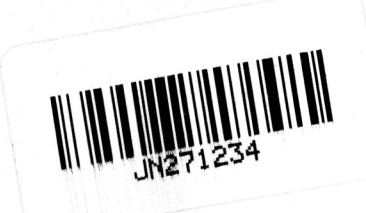

鉄分のとれる献立集

——鉄分の指導案付き——

長野県学校保健会栄養教諭・学校栄養職員部会　編

全 国 学 校 給 食 協 会

発刊に当たって

平成17年6月には食育基本法が成立し、その翌年には食育を推進するために必要な基本事項を定めた食育推進計画が決定されました。これを機に、さまざまな場面で、さまざまな人が食育に関する取り組みを行っています。

学校においては、文部科学省が「食に関する指導の手引き」を作成し、また平成20年度には全都道府県で栄養教諭が任用されるなど、学校・保護者・地域が連携を図って食育を進めていくための基盤ができつつあるところです。

学校における食育は、私たち栄養教諭や学校栄養職員がコーディネーターとなり、学校の教育目標をふまえて食に関する指導計画を策定し、学校教育活動全体で取り組んでいくことが必要です。そのために、学校給食の献立を「生きた教材」として、内容の充実を図り、児童・生徒に食事の大切さや食事のマナー、栄養のバランス、一食の量、地域の食材、地域の伝統食や食文化といった食に関する正しい知識を身につけ、また実践する力となるよう、給食時間や教科の時間の中で活用することが重要となってきます。

そこで、今まで自分たちが作成した献立は栄養価がきちんと満たされ、季節感があり、子どもたちに何を伝えたいのかがはっきりしているのかなど「生きた教材」としての条件が整っていたのか初心に返って見直すとともに、基準量を満たすことが難しい「鉄分」のとれる献立を長野県の会員から募りました。それを献立作成委員会のメンバーが一つ一つ丁寧に検討し、その献立を食の指導に生かす際の指導案を付けて『鉄分のとれる献立集』として作成いたしました。

このたび、全国学校給食協会様より、この献立集を全国の学校給食関係者の皆様に向けて発刊させていただくこととなりました。献立の組み合わせに悩んだとき、指導案に困ったときに、この献立集を活用していただき、「生きた教材」としての学校給食の献立をもとに食育の推進を図っていただければ幸いです。

平成 20年 7月

長野県学校保健会栄養教諭・学校栄養職員部会

Contents

イラスト　埋橋 恵美

この本の使い方

　本書は、鉄分の多い献立を集め、ポイントとなる食材を分類ごとにまとめています。また、鉄分の多い料理名は太字で表しています。

[鉄分のとれる献立の探し方]

「豆類」「肉類」など食材の
分類から探す ……………………3 ～ 5 ページ
「春」「夏」など季節で探す………3 ～ 5 ページ
「主食」「汁物」「主菜」「副菜」
「デザート」の分類で探す………… 110 ページ

[メッセージについて]

　献立作成者が子どもたちに宛てたものなので、地域独自の内容のものも含まれています。

　この献立集は、長野県内の献立を集めたものです。センター方式のもの、自校方式のものなど、いろいろな施設設備や食数があります。そのため、以下のことをご留意ください。

[栄養価について]

　献立に地域の特産品や開発品を使用している場合があるので、食品番号で献立作成ソフトに入力したとき、数値がぴったりとは一致しないことがあります。

[分量について]

　小学生用の献立は、中学年を基準にしています。以下の計算式を参考にしてください。

低学年の場合は、献立の分量× 0.9
高学年の献立は、献立の分量× 1.1

※水の分量や調味料の分量は、調理する設備や食数で変わります。必ず給食を作る施設でご確認ください。

そのまま使えるメッセージつき！

鉄分のとれる献立

鉄分をしっかりとれる献立を集めました。給源になる主な食材を、豆類、野菜類、魚介類…と項目ごとに分けて探しやすくしています。献立ごとについているひとことメッセージは、おたよりや放送資料に。

たけのこご飯　かぶの和風汁　**焼き豆腐のにんじんみそがけ**　ごまあえ　牛乳

献立名	食品番号	材料	分量（g）	作り方
たけのこご飯	1083	精白米	70	① 炊飯する。
		強化米	0.2	② ごぼうはささがきに、たけのこは短冊切りにする。
	1005	押麦	3.5	③ いんげんは1cmにカットし、下ゆでする。
	14003	炒め油	0.5	④ 油で鶏肉とごぼうを炒める。
	11224	鶏もも肉・こま切れ	10	⑤ たけのこを加えて、煮る。
	6084	ごぼう	5	⑥ 調味料を加えて、味つけする。
	6149	たけのこ	20	⑦ ①に⑥を混ぜ合わせる。
	3004	三温糖	0.7	
	17007	濃口しょうゆ	3	
	16003	酒	1	
	16025	みりん	1	
	6011	さやいんげん	3	
かぶの和風汁	17019	カツオ節（だし用）	2	① カツオ節と昆布でだしをとる。
	17020	昆布（だし用）	1	② しめじは小房に分け、かぶはくし形切りに、みつ葉は3cmにカットする。
	14003	炒め油	0.5	③ 油でささみを炒める。
	11227	鶏ささみ・そぎ切り	15	④ ①とかぶを加えて、煮る。
	8016	しめじ	10	⑤ さらにしめじを加える。
	6036	かぶ	30	⑥ 調味料で味つけする。
	6274	みつ葉	5	⑦ 水溶きでんぷんでとろみをつける。
	17008	薄口しょうゆ	3	⑧ みつ葉を加える。
	16003	酒	1	
	17012	食塩	0.5	
	2034	でんぷん	2	
		水	150	
焼き豆腐のにんじんみそがけ	4038	焼き豆腐	70	① 焼き豆腐は1/6にカットする。にんじんはすりおろす。
	6212	にんじん	8	② 焼き豆腐を焼く。
	16025	みりん	1	③ にんじんと調味料を加熱して、タレを作る。
	3004	三温糖	3	④ ②に③をかける。
	17044	みそ	6	
ごまあえ	6267	ほうれん草	30	① ほうれん草はざく切りに、にんじんは短冊切りにする。
	6291	大豆もやし	25	② ①ともやしをゆでて、冷却する。
	6212	にんじん	5	③ かまぼこは蒸して、冷却する。
	10379	糸かまぼこ	10	④ ごまはから煎りし、すり鉢でする。
	5018	白いりごま	2	⑤ 調味料を合わせる。
	3003	上白糖	1	⑥ あえる。
	17007	濃口しょうゆ	1	
牛乳	13003	牛乳	206	

料理名	エネルギー	たんぱく質	脂質	塩分	カルシウム	マグネシウム	鉄	亜鉛	ビタミン				食物繊維
	kcal	g	g	g	mg	mg	mg	mg	AμgRE	B1 mg	B2 mg	C mg	g
ご飯	300	7.8	1.8	0.9	15	29	0.9	1.5	3	0.34	0.08	2	1.8
和風汁	45	4.8	0.8	1.1	13	16	0.2	0.2	4	0.05	0.08	8	1.0
焼豆腐	90	6.3	4.4	0.8	113	6	1.3	0.1	61	0.03	0.02	0	0.9
あえ物	42	3.3	1.7	0.4	48	36	0.9	0.4	143	0.06	0.08	12	1.7
牛乳	138	6.8	7.8	0.2	206	21	0	0.8	78	0.08	0.31	2	0
合計	615	29.0	16.5	3.4	395	108	3.3	3.0	289	0.56	0.57	24	5.4

メッセージ

主菜の焼き豆腐のにんじんみそがけは、にんじんをすりおろしてみそで煮てから、焼き豆腐にかけてあります。にんじんの色がとてもきれいですね。豆腐はカルシウムや鉄分が多く含まれた健康食品なので、進んで取り入れたいですね。

春が旬の食材であるたけのこやかぶ。たけのこを使ったたけのこご飯、かぶを使ったとろみのある和風汁と合わせて、春らしい献立にしました。それぞれの食材をおいしくいただきましょう。

中華めんの長崎チャンポン　春色サラダ　**よもぎだんご**　牛乳

献立名	食品番号	材料	分量（g）	作り方
中華めん	1047	中華めん	190	
長崎チャンポン	11131	豚もも肉・こま切れ	25	① 白菜はざく切りに、えのきたけは 1/3 カットに、にんじんは短冊切りに、長ねぎは小口切りにする。 ② 長ねぎ以外の野菜と、豚肉、イカ、エビを煮る。 ③ 調味料を加えて、味つけする。 ④ 長ねぎを加える。
	10342	イカ・短冊切り	20	
	10328	むきエビ	20	
	6233	白菜	25	
	8001	えのきたけ	10	
	6212	にんじん	10	
	6287	大豆もやし	15	
	6226	長ねぎ	15	
		長崎チャンポンスープ	8	
	17012	食塩	0.2	
		水	120	
春色サラダ	6061	キャベツ	25	① キャベツはざく切りに、きゅうりは小口切りにする。 ② ①とコーンをゆでて、冷却する。 ③ 調味料を合わせる。 ④ ツナフレークとあえる。
	6065	きゅうり	15	
	10263	ツナフレーク	10	
	6177	ホールコーン（冷）	8	
	17007	濃口しょうゆ	1.5	
	17016	酢	2	
	14004	サフラワー油	1.5	
	17012	食塩	0.1	
	17064	白こしょう	0.08	
よもぎだんご	1114	上新粉	20	① よもぎはゆでて、冷却する。 ② 粉に①、砂糖、水を加え、練る。 ③ ②を一口大に丸めてゆで、冷却する。 ④ きなこと砂糖、塩を合わせる。 ⑤ ④で③をからめる。
	1120	白玉粉	20	
		水	40	
	6301	よもぎ	6	
	3003	上白糖	2	
	4029	きなこ	4	
	3003	上白糖	3	
	17012	食塩	0.16	
牛乳	13003	牛乳	206	

料理名	エネルギー	たんぱく質	脂質	塩分	カルシウム	マグネシウム	鉄	亜鉛	ビタミン				食物繊維
	kcal	g	g	g	mg	mg	mg	mg	AμgRE	B_1 mg	B_2 mg	C mg	g
中華めん	281	7.4	1.5	0	21	19	1.0	0.4	0	0.20	0.04	0	2.3
チャンポン	95	13.5	2.5	0.3	49	26	0.9	1.0	77	0.30	0.13	8	1.6
サラダ	60	2.9	3.8	0.3	16	10	0.2	0.2	6	0.03	0.03	12	0.9
だんご	186	4.2	1.3	0.2	23	17	1.1	0.5	26	0.07	0.03	2	1.4
牛乳	138	6.8	7.8	0.2	227	21	0	0.8	78	0.08	0.31	2	0
合計	760	34.8	16.9	1.0	336	93	3.2	2.9	187	0.68	0.54	24	6.2

メッセージ

春の香りがするよもぎを使った「よもぎだんご」を作りました。よもぎには鉄分やビタミン類が多く含まれ、ほうれん草と同じくらいの栄養があります。しかも、きなこをまぶすことでさらに栄養満点。食物繊維もたっぷりです。春の季節に新芽のよもぎを食べることで、草花の生命力をからだにいただくことができますね。チャンポンとサラダをしっかり食べてからおだんごを食べてくださいね。

中学校

ソフトめんのカレー南蛮汁　**大豆と小魚の揚げ煮**　菜の花あえ　清美オレンジ　牛乳

献立名	食品番号	材料	分量（g）	作り方
ソフトめん	1040	ソフトめん	250	
カレー南蛮汁	10091	カツオ節（だし用）	2	① カツオ節でだしをとる。 ② じゃがいもとにんじんは短冊切りに、長ねぎは小口切りに、たまねぎはスライスする。 ③ 油揚げは短冊切りにし、油抜きする。 ④ ①に材料を加えて、煮る。 ⑤ 調味料を加えて、味つけする。 ⑥ 水溶きでんぷんで、とろみをつける。 ⑦ うずら卵と長ねぎを加える。
	11220	鶏むね肉・こま切れ	15	
	2017	じゃがいも	20	
	6212	にんじん	15	
	4040	油揚げ	3	
	12003	うずら卵（水煮）	10	
	6226	長ねぎ	10	
	6153	たまねぎ	30	
	17007	濃口しょうゆ	7	
	17051	カレールウ	8	
	17061	カレー粉	0.3	
	17012	食塩	0.2	
	2034	でんぷん	1.2	
		水	100	
大豆と小魚の揚げ煮	4023	大豆（乾）	6	① 大豆は事前に洗って、もどしておく。 ② ①にでんぷんをつけて、油で揚げる。 ③ さつまいもは乱切りにし、素揚げにする。 ④ カチリチリメンも素揚げにする。 ⑤ 調味料を加熱して、タレを作る。 ⑥ ⑤で②③④をからめる。
	2034	でんぷん	1	
	2006	さつまいも	40	
	10046	カチリチリメン	4	
	14011	揚げ油	5	
	17007	濃口しょうゆ	3	
	3004	三温糖	2	
	16025	みりん	1	
菜の花あえ	6267	ほうれん草	15	① ほうれん草はざく切りに、キャベツは短冊切りに、にんじんはせん切りにする。 ② ①をゆでて冷却する。 ③ 炒り卵を作り、冷却する。 ④ ごまはから煎りする。 ⑤ 調味料を合わせる。 ⑥ あえる。
	6061	キャベツ	25	
	6212	にんじん	10	
	12004	鶏卵	10	
	14003	炒め油	0.5	
	5018	白すりごま	1	
	3003	上白糖	1	
	17007	濃口しょうゆ	2	
清美オレンジ	7040	清美オレンジ	40	① 1/4 に切り分ける。
牛乳	13003	牛乳	206	

料理名	エネルギー	たんぱく質	脂質	塩分	カルシウム	マグネシウム	鉄	亜鉛	ビタミン				食物繊維
	kcal	g	g	g	mg	mg	mg	mg	A μg RE	B_1 mg	B_2 mg	C mg	g
ソフトめん	370	9.8	2.0	0	28	19	1.0	0.5	0	0.25	0.05	0	3.0
南蛮汁	134	7.2	5.4	2.1	40	26	1.2	0.6	170	0.06	0.08	11	1.8
揚げ煮	152	5.4	6.4	0.6	120	35	1.7	0.6	1	0.09	0.04	12	1.9
あえ物	44	2.3	2.2	0.3	27	21	0.7	0.4	145	0.06	0.08	15	1.3
くだもの	18	0.4	0	0	10	4	0.1	0	4	0.03	0.02	24	0.4
牛乳	138	6.8	7.8	0.2	227	21	0	0.8	78	0.08	0.31	2	0
合計	856	31.9	23.8	3.2	452	126	4.7	2.9	398	0.57	0.58	64	8.4

メッセージ

　地元産の大豆を使って大豆と小魚の揚げ煮を作りました。「しっかりかむとアゴが疲れる…」なんて声も聞こえてきますが、よくかむことは丈夫な歯を作る上でも、脳の働きをよくする上でも大切なことです。しっかり、よくかんで食べてください。地元産の大豆のおいしさがわかるはずですよ。

コッペパン **チリコンカン** チーズポテト ころころきゅうり 牛乳

献立名	食品番号	材料	分量（g）	作り方
コッペパン	1028	コッペパン	93	
チリコンカン	4023	大豆（乾）	12	① 大豆は事前に洗って、もどしておく。 ② ①をかためにゆでる。 ③ たまねぎはくし形切りに、にんじんはいちょう切りにする。 ④ 油で豚肉と③を炒める。 ⑤ がらスープを加えて、煮る。 ⑥ アクを取り除き、②とマッシュルーム、ダイストマトを加える。 ⑦ 調味料を加えて、味つけする。 ⑧ グリンピースを加える。
	14003	炒め油	1	
	11154	豚もも肉・こま切れ	20	
	6153	たまねぎ	50	
	6212	にんじん	15	
	8033	マッシュルーム（水煮）	12	
	6025	グリンピース（冷）	3	
	6184	ダイストマト（缶）	7	
		水	25	
	17024	鶏がらスープ	2	
	16011	赤ワイン	1	
	17002	中濃ソース	2	
	17034	トマトピューレ	6	
	17012	食塩	0.5	
	17063	黒こしょう	0.05	
	17072	チリパウダー	0.3	
チーズポテト	2017	じゃがいも	80	① たまねぎはくし形切りに、じゃがいもは厚めのいちょう切りに、パセリはみじん切りにする。 ② じゃがいもをゆでる。 ③ バターでベーコン、たまねぎを炒める。 ④ ②を加える。 ⑤ 塩、こしょうを加えて、味つけする。 ⑥ チーズとパセリを加える。
	14017	有塩バター（炒め用）	1	
	11183	ベーコン・短冊切り	8	
	6153	たまねぎ	15	
	17012	食塩	0.2	
	17063	黒こしょう	0.05	
	13040	プロセスチーズ	10	
	6239	パセリ	1.5	
ころころきゅうり	6065	きゅうり	50	① きゅうりは厚めの小口切りに、にんじんはせん切りにする。 ② ①をゆでて、冷却する。 ③ 調味料を合わせる。 ④ あえる。
	6212	にんじん	3	
	17012	食塩	0.3	
	17007	濃口しょうゆ	3	
	14002	ごま油	0.5	
牛乳	13003	牛乳	206	

料理名	エネルギー	たんぱく質	脂質	塩分	カルシウム	マグネシウム	鉄	亜鉛	ビタミン				食物繊維
	kcal	g	g	g	mg	mg	mg	mg	A μg RE	B1 mg	B2 mg	C mg	g
パン	239	8.0	3.3	1.1	34	22	0.8	0.7	0	0.02	0.11	0	2.0
チリコンカン	139	9.3	6.4	0.7	50	42	1.5	1.0	123	0.32	0.13	7	3.9
ポテト	141	4.9	6.6	0.9	72	21	0.4	0.6	40	0.11	0.07	34	1.3
きゅうり	15	0.7	0.6	0.7	15	10	0.3	0.1	37	0.02	0.03	4	0.7
牛乳	138	6.8	7.8	0.2	227	21	0	0.8	78	0.08	0.31	2	0
合計	672	29.7	24.7	3.6	398	116	3.0	3.2	278	0.55	0.65	47	7.9

メッセージ

チリコンカンは、メキシコの料理です。ピリッとしていてパンに挟んで食べてもおいしいですよ。大豆とグリンピースが少しコロコロとするけどよくかんで食べるといいですね。
また、チーズポテトをパンに挟んでみるとチリコンカンとは違ったコクが楽しめますよ。

中学校

食パン　**カレースープ**　チキンカツ　ヒジキサラダ　すいか　牛乳

献立名	食品番号	材料	分量（g）	作り方
食パン	1026	食パン２つ切り	122	
カレースープ	4023	大豆（乾）	5	① 大豆は事前に洗って、もどしておく。
	11131	豚もも肉・こま切れ	10	② じゃがいも、にんじんは 1cmの角切りに、たまねぎは 1cmの色紙切りに、パセリはみじん切りにする。
	2017	じゃがいも	30	
	6212	にんじん	10	
	6153	たまねぎ	30	③ ①と豚肉、野菜を煮る。
	6239	パセリ	1	④ 調味料を加えて、味つけする。
	17051	カレールウ	10	⑤ パセリを加える。
	17012	食塩	0.2	
		水	100	
チキンカツ	11220	鶏むね肉・皮なし	60	① 鶏肉に下味をつける。
	17012	食塩	0.2	② ①に衣をつける。
	17063	黒こしょう	0.04	③ 油で揚げる。
	1015	薄力粉	5	④ ソースをかける。
	12004	鶏卵	5	
	1079	パン粉	8	
	14003	揚げ油	8	
	17002	中濃ソース	3	
ヒジキサラダ	9031	芽ヒジキ（乾）	3	① ヒジキは洗って、もどす。
	10376	カニフレーク	10	② 野菜はすべてせん切りにする。
	6212	にんじん	5	③ ①②をゆでて、冷却する。
	6061	キャベツ	20	④ カニフレークは蒸して、冷却する。
	6132	大根	20	⑤ 調味料を合わせる。
	3004	三温糖	1	⑥ あえる。
	14002	ごま油	1	
	17008	薄口しょうゆ	2	
	17015	酢	3	
	17012	食塩	0.2	
すいか	7077	すいか	40	① 1/32 に切り分ける。
牛乳	13003	牛乳	206	

料理名	エネルギー	たんぱく質	脂質	塩分	カルシウム	マグネシウム	鉄	亜鉛	ビタミン				食物繊維
	kcal	g	g	g	mg	mg	mg	mg	A μg RE	B1 mg	B2 mg	C mg	g
食パン	365	12.0	4.8	1.7	55	35	1.1	0.1	0	0.18	0.10	0	2.7
スープ	125	5.6	5.0	1.3	34	27	1.3	0.7	83	0.19	0.06	14	2.6
カツ	199	15.6	10.0	0.6	11	22	0.4	0.6	13	0.07	0.08	2	0.4
サラダ	39	2.0	1.1	0.8	69	28	1.8	0.1	49	0.02	0.04	10	2.1
くだもの	15	0.2	0	0	2	4	0.1	0	28	0.01	0.01	4	0.1
牛乳	138	6.8	7.8	0.2	227	21	0	0.8	78	0.08	0.31	2	0
合計	881	42.2	28.7	4.6	398	137	4.7	2.3	251	0.55	0.60	32	7.9

メッセージ

カレースープには「畑の肉」といわれている大豆がたくさん入っています。大豆は植物性たんぱく質の王様で、大豆のたんぱく質は筋肉の持久力がつくといわれています。そのほかには貧血を防ぐ鉄分、骨や歯を作るカルシウムなども含まれていて、育ち盛りの中学生には毎日食べてほしい食材です。

今日のカレースープに入っている大豆は野菜と一緒にじっくり時間をかけてコトコト煮たので、軟らかくておいしく食べられると思いますよ。

中華丼　ザーサイスープ　**みそ豆**　柿　牛乳

献立名	食品番号	材料	分量（g）	作り方
中華丼	1083	精白米	80	① しいたけは洗って、もどす。 ② にんじん、たけのこは短冊切りに、たまねぎはくし形切りに、白菜はざく切りにする。しいたけは一口大に切る。しょうがはすりおろす。 ③ 油でしょうが、豚肉、にんじん、たまねぎを炒める。 ④ たけのこ、しいたけを加えて、煮る。 ⑤ 白菜、イカ、エビ、うずら卵を加える。 ⑥ 調味料を加えて、味つけする。 ⑦ 水溶きでんぷんでとろみをつける。 ⑧ ごま油を加える。 ＊ しいたけのもどし汁も使う。
		強化米	0.24	
	14003	炒め油	1	
	11130	豚もも肉・こま切れ	10	
	6103	しょうが	0.2	
	6212	にんじん	10	
	6153	たまねぎ	30	
	6233	白菜	50	
	6151	たけのこ（水煮）	10	
	8013	しいたけ（乾）	0.7	
	10345	イカ・短冊切り	15	
	10328	むきエビ	10	
	12003	うずら卵（水煮）	10	
	17008	薄口しょうゆ	3	
	16001	酒	1.5	
	17031	オイスターソース	1.5	
	17012	食塩	0.2	
	17064	白こしょう	0.03	
	2034	でんぷん	3	
	14002	ごま油	0.4	
ザーサイスープ	17019	カツオ節（だし用）	2	① カツオ節でだしをとる。 ② きくらげは洗って、もどす。にんじんとたけのこは短冊切りに、たまねぎはスライスする。きくらげはせん切りにし、長ねぎは小口切りにする。 ③ ほうれん草はざく切りにして、下ゆでする。 ④ ①に豚肉、にんじん、たまねぎを加えて、煮る。 ⑤ たけのこ、きくらげ、ザーサイを加える。 ⑥ 調味料を加えて、味つけする。 ⑦ ③と長ねぎを加える。
	11130	豚もも肉・こま切れ	10	
	6212	にんじん	6	
	6153	たまねぎ	10	
	6151	たけのこ（水煮）	10	
	8006	きくらげ（乾）	0.6	
	6088	ザーサイ漬け	8	
	6226	長ねぎ	5	
	6267	ほうれん草	10	
	17007	濃口しょうゆ	3	
	16001	酒	1	
	17012	食塩	0.3	
	17064	白こしょう	0.03	
		水	140	
みそ豆	4023	大豆（乾）	8	① 大豆は事前に洗って、もどしておく。 ② 凍り豆腐は洗って、もどす。 ③ ①②にでんぷんをつけて、油で揚げる。 ④ 調味料を加熱して、タレを作る。 ⑤ ④で③をからめる。
	4042	凍り豆腐・サイコロ	2	
	2034	でんぷん	2	
	14011	揚げ油	2	
	17045	白みそ	2	
	3004	三温糖	1.2	
	16001	酒	1	
	16025	みりん	2	
	17007	濃口しょうゆ	0.6	
柿	7050	柿	40	① 1/4 に切り分ける。
牛乳	13003	牛乳	206	

料理名	エネルギー	たんぱく質	脂質	塩分	カルシウム	マグネシウム	鉄	亜鉛	ビタミン				食物繊維
	kcal	g	g	g	mg	mg	mg	mg	A μgRE	B_1 mg	B_2 mg	C mg	g
中華丼	396	14.1	4.8	1.1	52	46	1.3	2.0	130	0.48	0.11	12	2.4
スープ	40	4.4	1.1	1.8	23	11	0.7	0.3	46	0.10	0.06	2	1.4
みそ豆	84	4.1	4.3	0.3	34	22	1.0	0.4	0	0.07	0.02	0	1.5
くだもの	24	0.2	0.1	0	4	2	0.1	0	14	0.01	0.01	28	0.6
牛乳	138	6.8	7.8	0.2	227	21	0	0.8	78	0.08	0.31	2	0
合計	682	29.6	18.1	3.4	340	102	3.1	3.5	268	0.74	0.51	44	5.9

メッセージ

油で揚げた凍り豆腐は、サクッとした食感で大豆とよく合いますね。大豆、凍り豆腐、味つけのみそとしょうゆ、これらはどれも大豆からできていて、からだを作るために必要なたんぱく質やカルシウム、鉄分などがたくさん含まれています。今日はお豆の栄養分をたっぷりいただきましょう。

ワカメご飯　きのこ汁　笹かまぼこのピカタ　**納豆あえ**　みかん　牛乳

献立名	食品番号	材料	分量（g）	作り方
ワカメご飯	1083	精白米	76	① 炊飯する。 ② ①に炊き込みワカメを混ぜる。
		強化米	0.24	
	1007	米粒麦	4	
		炊き込みワカメ	1.5	
きのこ汁	17019	カツオ節（だし用）	2	① カツオ節でだしをとる。 ② にんじんはせん切りにし、長ねぎは小口切りにする。しめじは小房に分け、えのきたけは 1/2 カットし、豆腐は角切りにする。 ③ ①ににんじんときのこを加えて、煮る。 ④ 豆腐を加える。 ⑤ みそを加えて、味つけする。 ⑥ 長ねぎを加える。
	6212	にんじん	10	
	6226	長ねぎ	5	
	8016	しめじ	10	
	8020	なめこ	10	
	8001	えのきたけ	15	
	4033	絹ごし豆腐	15	
	17045	白みそ	10	
		水	130	
笹かまぼこのピカタ	10380	笹かまぼこ	30	① 衣を混ぜ合わせる。 ② 笹かまぼこに①をつける。 ③ ②を油で揚げる。
	1015	薄力粉	2.5	
	12004	鶏卵	4	
	13038	粉チーズ	2	
	14011	揚げ油	7	
納豆あえ	4047	ひきわり納豆	12	① ほうれん草はざく切りに、にんじんはせん切りにする。 ② ①ともやしをゆでて、冷却する。 ③ カツオ節をから煎りする。 ④ 納豆とあえる。
	6287	もやし	20	
	6267	ほうれん草	40	
	6212	にんじん	8	
	10091	カツオ節	1	
	17008	薄口しょうゆ	2.5	
みかん	7026	みかん	60	
牛乳	13003	牛乳	206	

料理名	エネルギー	たんぱく質	脂質	塩分	カルシウム	マグネシウム	鉄	亜鉛	ビタミン				食物繊維
	kcal	g	g	g	mg	mg	mg	mg	A μgRE	B_1 mg	B_2 mg	C mg	g
ご飯	286	5.1	0.8	0.4	17	21	0.7	1.1	0	0.29	0.02	0	1.3
きのこ汁	42	3.5	1.1	1.3	23	23	0.9	0.4	76	0.10	0.12	1	2.2
ピカタ	120	6.5	8.3	0.8	36	7	0.2	0.3	11	0.02	0.05	0	0.1
あえ物	42	4.1	1.4	0.4	32	44	1.3	0.6	201	0.08	0.13	16	2.3
くだもの	28	0.3	0.1	0	10	7	0.1	0.1	52	0.04	0.02	21	0.6
牛乳	138	6.8	7.8	0.2	227	21	0	0.8	78	0.08	0.31	2	0
合計	656	26.3	19.5	3.1	345	123	3.2	3.3	418	0.61	0.65	40	6.5

メッセージ

納豆は大豆から作られています。大豆の栄養がしっかりいただける上に「ナットウキナーゼ」という酵素のおかげでビタミンB_2が大豆の5倍に増え、血液をきれいにしてくれます。今日はその納豆で納豆あえを作りました。

秋の味、きのこ汁も作ったので、今日の献立では鉄分と食物繊維がしっかりとれます。

麦ご飯　秋野菜のみそ汁　**揚げ豆腐の肉みそあん**　ごまあえ　りんご　牛乳

献立名	食品番号	材料	分量（g）	作り方
麦ご飯	1083	精白米	76	
	1007	米粒麦	4	
秋野菜のみそ汁	17023	煮干し（だし用）	2	① 煮干しでだしをとる。 ② 大根とにんじんはいちょう切りに、白菜は短冊切りに、しめじは小房に分け、えのきたけは 1/3 カットに切る。 ③ ①に②を加えて、煮る。 ④ みそを加えて、味つけする。
	6132	大根	20	
	6233	白菜	20	
	8016	しめじ	10	
	8001	えのきたけ	10	
	6212	にんじん	5	
	17045	白みそ	10	
		水	130	
揚げ豆腐の肉みそあん	4032	絞り豆腐	70	① 絞り豆腐は 1/6 に切る。 ② ①にでんぷんをつけて、油で揚げる。 ③ 鶏ひき肉と調味料を合わせ、水を加えてほぐしながら煮る。 ④ ③に水溶きでんぷんでとろみをつける。 ⑤ ②に④をかける。
	2034	でんぷん	4	
	14011	揚げ油	6	
	11230	鶏ひき肉	15	
	17045	白みそ	7	
	3004	三温糖	2.5	
	17054	みりん風調味料	1	
	2034	でんぷん	1	
ごまあえ	6267	ほうれん草	30	① ほうれん草はざく切りに、にんじんはせん切りにする。 ② ①ともやしをゆでて、冷却する。 ③ ごまはから煎りする。 ④ ③と調味料を合わせる。 ⑤ あえる。
	6291	もやし	30	
	6212	にんじん	5	
	5018	白すりごま	3	
	17007	濃口しょうゆ	2	
	3003	上白糖	2	
りんご	7148	りんご	35	① 1/6 に切り分ける。
牛乳	13003	牛乳	206	

料理名	エネルギー	たんぱく質	脂質	塩分	カルシウム	マグネシウム	鉄	亜鉛	ビタミン				食物繊維
	kcal	g	g	g	mg	mg	mg	mg	A μgRE	B_1 mg	B_2 mg	C mg	g
ご飯	285	4.9	0.8	0	5	18	0.6	1.1	0	0.07	0.02	0	0.7
みそ汁	37	3.5	0.8	1.3	68	20	1.0	0.4	3	0.05	0.06	7	1.9
揚げ豆腐	171	8.6	10.5	0.9	93	31	1.1	0.6	6	0.07	0.06	0	0.6
あえ物	41	2.1	1.7	0.4	58	38	1.1	0.5	285	0.05	0.10	14	1.7
くだもの	19	0.1	0	0	1	1	0	0	1	0.01	0	1	0.5
牛乳	138	6.8	7.8	0.2	227	21	0	0.8	78	0.08	0.31	2	0
合計	691	26.0	21.6	2.8	452	129	3.8	3.4	373	0.33	0.55	24	5.4

メッセージ

今日の給食は、地元の地域でとれたきのこや野菜、くだものをたくさん取り入れたので、季節感あふれる秋のメニューになりましたね。

主菜は、お豆腐です。できたてのお豆腐にでんぷんをまぶして、油で揚げて、おいしい肉みそのタレをかけました。豆腐はそのまま食べてもおいしいですが、油を使って料理するとさらにおいしくなりますね。

麦ご飯　凍り豆腐のみそ汁　**豆腐ナゲット**　ヒジキの煮物　牛乳

献立名	食品番号	材料	分量（g）	作り方
麦ご飯	1083	精白米	76	
		強化米	0.24	
	1007	米粒麦	4	
凍り豆腐のみそ汁	17023	煮干し（だし用）	2	① 煮干しでだしをとる。 ② 凍り豆腐を洗って、もどす。 ③ にんじんとじゃがいもはいちょう切りにする。たまねぎはスライスする。 ④ だし汁に③を加えて、煮る。 ⑤ ②を加える。 ⑥ みそを加えて、味つけする。
	4042	凍り豆腐・細切り	1	
	2017	じゃがいも	30	
	6212	にんじん	5	
	6153	たまねぎ	15	
	17045	白みそ	5	
	17046	赤みそ	5	
		水	150	
豆腐ナゲット	4032	絞り豆腐	35	① むきエビ、にんじん、たまねぎ、ごぼうはみじん切りにする。 ② ①に残りの材料と調味料を加えて、混ぜ合わせる。 ③ ②を小判型に丸めて、油で揚げる。 ④ レモンはくし形に切って、ナゲットに添える。
	10328	むきエビ	20	
	11230	鶏ひき肉	15	
	6212	にんじん	6	
	6153	たまねぎ	6	
	6084	ごぼう	6	
	6017	むき枝豆（冷）	6	
	12004	鶏卵	6	
	17012	食塩	0.1	
	17008	薄口しょうゆ	3	
	2034	でんぷん	5	
	14005	揚げ油	3	
	7156	レモン	15	
ヒジキの煮物	2006	さつまいも	30	① ヒジキは洗って、もどす。 ② にんじんはせん切りに、さつまいもはいちょう切りにする。 ③ しらたきは短く切って、下ゆでする。 ④ さやえんどうはゆでて、冷却する。 ⑤ さつまいもは油で素揚げにする。 ⑥ 油で、にんじんと①を炒める。 ⑦ ⑥に③を加える。 ⑧ 調味料を加えて、煮る。 ⑨ ④⑤を加える。
	14005	揚げ油	2.5	
	9031	芽ヒジキ（乾）	2	
	6212	にんじん	10	
	2005	しらたき	20	
	6021	さやえんどう（冷）	5	
	14005	炒め油	0.5	
	3004	三温糖	1	
	16001	酒	1	
	17007	濃口しょうゆ	4	
	16025	みりん	2	
		水	15	
牛乳	13003	牛乳	206	

料理名	エネルギー	たんぱく質	脂質	塩分	カルシウム	マグネシウム	鉄	亜鉛	ビタミン				食物繊維
	kcal	g	g	g	mg	mg	mg	mg	Aμg RE	B_1 mg	B_2 mg	C mg	g
ご飯	286	4.8	0.8	0.9	5	19	0.6	1.1	0	0.41	0.03	0	0.8
みそ汁	58	3.1	1.0	1.3	46	19	0.8	0.5	38	0.03	0.03	12	1.1
ナゲット	142	11.0	6.8	0.7	72	35	0.8	0.8	62	0.08	0.09	10	1.0
煮物	91	1.2	3.1	0.7	61	26	1.5	0.1	84	0.06	0.05	11	2.7
牛乳	138	6.8	7.8	0.2	227	21	0	0.8	78	0.08	0.31	2	0
合計	715	26.9	19.5	3.8	411	120	3.7	3.3	262	0.66	0.51	35	5.6

メッセージ

今日の主菜は豆腐を使ったナゲットです。ナゲットというと鶏肉を使ったチキンナゲットを思い浮かべると思いますが、お肉の代わりに豆腐を使ったとってもヘルシーなナゲットです。

ヒジキの煮物に入っているさつまいもは、一度油で素揚げしてから加えてあります。色もきれいですし、カリッとした食感も楽しんでくださいね。

肉丼　**大豆とイリコの青のりがらめ**　おひたし　りんご　牛乳

献立名	食品番号	材料	分量（g）	作り方
肉丼	1083	精白米	80	
		強化米	0.24	
	14005	炒め油	1	① たまねぎは1㎝角に切り、にんじんは短冊切りに、かまぼこはいちょう切りにする。 ② しらたきは短く切って、下ゆでする。 ③ さやえんどうをゆでて、冷却する。 ④ 油で豚肉と野菜を炒める。 ⑤ ④に②を加える。 ⑥ 調味料を加えて味つけして、煮る。 ⑦ かまぼこと③を加える。
	11131	豚もも肉・こま切れ	30	
	6153	たまねぎ	45	
	6212	にんじん	15	
	2005	しらたき	27	
	10379	かまぼこ	7.5	
	6020	さやえんどう	5	
	3004	三温糖	2	
	16001	酒	1.2	
	17007	濃口しょうゆ	5.4	
	16025	みりん	0.75	
		水	20	
大豆とイリコの青のりがらめ	4023	大豆（乾）	10	① 大豆は事前に洗って、もどす。 ② ①にでんぷんをつけて、油で揚げる。 ③ イリコは油で素揚げにする。 ④ 青のりはから煎りする。 ⑤ 調味料を加熱して、タレを作る。 ⑥ ⑤に②～④を加える。
	2034	でんぷん	0.6	
	10045	イリコ	5	
	14005	揚げ油	1	
	9002	青のり	0.2	
	3003	上白糖	2.8	
		水	1	
おひたし	6233	白菜	35	① 野菜はざく切りにする。 ② ①をゆでて、冷却する。 ③ カツオ節はから煎りする。 ④ あえる。
	6267	ほうれん草	25	
	10091	カツオ節	1.2	
	17007	濃口しょうゆ	2.5	
りんご	7148	りんご	75	① 1/4 に切り分ける。
牛乳	13003	牛乳	206	

料理名	エネルギー kcal	たんぱく質 g	脂質 g	塩分 g	カルシウム mg	マグネシウム mg	鉄 mg	亜鉛 mg	ビタミン AμgRE	ビタミン B_1 mg	ビタミン B_2 mg	ビタミン C mg	食物繊維 g
肉丼	388	13.6	3.6	1.0	44	39	1.1	1.8	117	0.67	0.13	8	2.5
大豆	81	6.7	3.2	0.2	136	36	1.9	0.7	3	0.09	0.04	0	1.8
おひたし	16	2.0	0.1	0.4	28	24	0.7	0.3	91	0.05	0.06	16	1.2
くだもの	41	0.2	0.1	0	2	2	0	0	2	0.02	0.01	3	1.1
牛乳	138	6.8	7.8	0.2	227	21	0	0.8	78	0.08	0.31	2	0
合計	664	29.3	14.8	1.8	437	123	3.7	3.6	291	0.91	0.55	29	6.6

メッセージ

長い時間立っていると具合が悪くなったりする人はいませんか？　もしかすると貧血になっているかもしれません。貧血とは主にからだの中で鉄分という栄養素が足りなくなることをいいます。

今日は貧血予防に効果的な鉄分をたくさん含んでいる青のりを使った「大豆とイリコの青のりがらめ」を取り入れました。イリコというのは、小魚の名前です。大豆とイリコをよくかんで食べましょう。

中学校

麦ご飯　きのこ汁　豚肉のみそ漬け焼き　**豆腐と野菜のごまあえ**　牛乳

献立名	食品番号	材料	分量（g）	作り方
麦ご飯	1083	精白米	95	
	1007	米粒麦	5	
きのこ汁	17023	煮干し（だし用）	2	① 煮干しでだしをとる。 ② じゃがいもは角切りにし、長ねぎは斜め薄切りにする。 ③ 凍り豆腐は、 ぬるま湯でもどす。 ④ だし汁に、②となめこを入れて煮る。③を加えて、さらに煮る。 ⑤ みそを加えて味つけする。
	8022	なめこ	20	
	2017	じゃがいも	20	
	4042	凍り豆腐・カット	3	
	6226	長ねぎ	10	
	17046	みそ	10	
		水	150	
豚肉のみそ漬け焼き	11145	豚肩ロース肉	70	① にんにくはすりおろす。 ② 肉に①とごま、その他の調味料を全部混ぜ合わせて漬け込み、鉄板にオーブンシートを敷き並べて焼く。
	6223	にんにく	0.7	
	5018	白すりごま	3.5	
	17046	赤みそ	5	
	17073	七味唐辛子	0.02	
	14002	ごま油	2.5	
	17007	濃口しょうゆ	3	
	16025	みりん	3	
	17063	黒こしょう	0.02	
	17015	酢	2	
	3004	三温糖	2.5	
豆腐と野菜のごまあえ	6267	ほうれん草	20	① ほうれん草は3cmに切り、ゆでる。 ② にんじん、キャベツは短冊切りにし、ゆでる。 ③ 豆腐は2cmの角切りにしてゆでる。 ④ ①②③とごま、調味料を混ぜ合わせる。
	6212	にんじん	8.5	
	6061	キャベツ	10	
	4032	木綿豆腐	40	
	5018	練りごま	2	
	5018	白いりごま	1	
	17008	薄口しょうゆ	2.2	
	3004	三温糖	0.5	
牛乳	13003	牛乳	206	

料理名	エネルギー	たんぱく質	脂質	塩分	カルシウム	マグネシウム	鉄	亜鉛	ビタミン				食物繊維
	kcal	g	g	g	mg	mg	mg	mg	Aμg RE	B_1 mg	B_2 mg	C mg	g
ご飯	355	6.2	1.0	0	6	23	0.9	1.4	0	0.08	0.02	0	0.9
きのこ汁	55	3.4	1.6	1.3	38	18	0.9	0.4	0	0.03	0.03	8	1.5
焼き物	252	14.0	18.2	1.2	53	33	1.1	2.5	3	0.51	0.20	1	0.6
あえ物	6	3.9	3.4	0.4	101	40	1.1	0.5	269	0.06	0.05	11	1.5
牛乳	139	6.8	7.8	0.2	227	21	0	0.8	78	0.08	0.31	2	0
合計	807	34.3	32.0	3.1	425	135	4.0	5.6	350	0.76	0.61	22	4.5

メッセージ

成長期の皆さんに鉄分は大切な栄養素のひとつです。凍り豆腐には鉄分がたくさん含まれています。
豚肉のみそ漬け焼きは皆さんからのリクエストの多い献立です。ビタミンB_1がたくさん含まれ、にんにくも一緒に使っているのでその吸収もよく、疲れを取り除いてくれます。

中学校

麦ご飯　田舎汁　**豆腐ハンバーグのアップルソース**　華風あえ　牛乳

献立名	食品番号	材料	分量（g）	作り方
麦ご飯	1083	精白米	100	
	1007	米粒麦	5	
田舎汁	17023	煮干し（だし用）	1.8	① 煮干しでだしをとる。 ② 大根、にんじんはいちょう切りに、ごぼうは半月切りに、里芋は厚めの半月切りにする。 ③ 突きこんにゃくは下ゆでする。 ④ ①に②③を加えて、煮る。 ⑤ みそを加えて、味つけする。 ⑥ さやえんどうを加える。
	6132	大根	20	
	6212	にんじん	8	
	6080	ごぼう	8	
	2010	里芋	10	
	2003	突きこんにゃく	10	
	17044	みそ	10	
	6020	さやえんどう	5	
		水	140	
豆腐ハンバーグのアップルソース	14017	バター（炒め用）	2	① たまねぎはみじん切りに、りんごはすりおろす。 ② バターでたまねぎを炒める。 ③ ②にすべての材料を加えて、混ぜ合わせる。 ④ ③を小判形に丸めて、焼く。 ⑤ りんごと調味料を加熱して、ソースを作る。 ⑥ ④に⑤をかける。
	6153	たまねぎ	30	
	11089	牛ひき肉	70	
	1079	パン粉	5	
	12004	鶏卵	5	
	4032	絞り豆腐	20	
	13003	牛乳	6	
	17012	食塩	0.2	
	17063	黒こしょう	0.03	
	7148	りんご	8	
	17002	中濃ソース	2	
	17036	ケチャップ	4	
	16011	赤ワイン	0.3	
	14017	バター	2	
華風あえ	6178	ホールコーン（冷）	7	① ほうれん草はざく切りに、にんじん、キャベツは短冊切りにする。 ② ①とコーンをゆでて、冷却する。 ③ ごまはから煎りする。 ④ 調味料を合わせる。 ⑤ あえる。
	6267	ほうれん草	19	
	6212	にんじん	7	
	6061	キャベツ	15	
	5018	白いりごま	1.5	
	17008	薄口しょうゆ	3	
	14002	ごま油	0.5	
	3003	上白糖	0.8	
牛乳	13003	牛乳	206	

料理名	エネルギー	たんぱく質	脂質	塩分	カルシウム	マグネシウム	鉄	亜鉛	ビタミン				食物繊維
	kcal	g	g	g	mg	mg	mg	mg	AμgRE	B_1 mg	B_2 mg	C mg	g
ご飯	373	6.5	1.0	0	6	24	0.9	1.5	0	0.09	0.02	0	0.9
田舎汁	49	2.7	0.4	0.7	65	17	0.8	0.3	125	0.03	0.02	6	2.2
ハンバーグ	251	16.5	15.6	0.6	47	28	2.1	3.3	37	0.09	0.18	3	0.9
あえ物	36	1.3	1.5	0.5	36	25	0.5	0.2	235	0.05	0.05	13	1.4
牛乳	138	6.8	7.8	0.2	227	21	0	0.8	78	0.08	0.31	2	0
合計	847	33.8	26.3	2.0	381	115	4.3	6.1	475	0.34	0.58	24	5.4

メッセージ

ハンバーグに豆腐を入れてヘルシーに仕上げました。地元産のりんごを使ったちょっと酸味のきいたアップルソースがハンバーグの味を引き立てます。

中学校

麦ご飯　きのこ汁　**揚げ豆腐の田楽**　こんにゃくのくるみあえ　梨　牛乳

献立名	食品番号	材料	分量（g）	作り方
麦ご飯	1083	精白米	100	
		強化米	0.29	
		カルシウム米	1	
	1007	米粒麦	5	
きのこ汁	17023	煮干し（だし用）	2	① 煮干しでだしをとる。
	4042	凍り豆腐・細切り	3	② 凍り豆腐は洗って、もどす。
	8001	えのきたけ	13	③ えのきたけは 1/3 カットにし、しめじは小房に分ける。にんじんと大根はいちょう切りにする。
	8016	しめじ	20	④ 油揚げは短冊切りにし、油抜きする。
	8020	なめこ	5	⑤ ①に根菜を加えて、煮る。
	6212	にんじん	6.5	⑥ ②④ときのこを加える。
	6132	大根	13	⑦ 調味料を加えて、味つけする。
	4040	油揚げ	1	
	17007	濃口しょうゆ	7	
	17012	食塩	0.25	
		水	150	
揚げ豆腐の田楽	4032	絞り豆腐	120	① 絞り豆腐は 1/3 に切る。
		玄米粉	3	② ①に粉をつけて、油で揚げる。
	2034	でんぷん	1.5	③ けしの実をから煎りする。
	14011	揚げ油	5	④ 調味料を加熱して、タレを作る。
	5015	けしの実	0.8	⑤ ②に④のタレをかける。
	17045	白みそ	6.5	⑥ 上に③をふりかける。
	3004	三温糖	6.5	
	17054	みりん風調味料	1.3	
	16001	酒	2	
こんにゃくのくるみあえ	6212	にんじん	5	① にんじんは短冊切りに、小松菜はざく切りにする。
	6086	小松菜	25	② ①をゆでて、冷却する。
	2003	突きこんにゃく	40	③ 突きこんにゃくをゆでて、冷却する。
	17008	薄口しょうゆ	2.6	④ ②③に調味料を加えて、下味をつける。
	17054	みりん風調味料	2.6	⑤ くるみをオーブンで焼く。
	5014	くるみ	6	⑥ ⑤をすりつぶして、番茶を加える。
	16039	番茶（侵出液）	1.3	⑦ ⑥に調味料を加える。
	3003	上白糖	2.6	⑧ あえる。
	17008	薄口しょうゆ	1.3	＊ 番茶を入れると白く仕上がる。
梨	7088	二十世紀梨	50	① 1/4 に切り分ける。
牛乳	13003	牛乳	206	

料理名	エネルギー	たんぱく質	脂質	塩分	カルシウム	マグネシウム	鉄	亜鉛	ビタミン				食物繊維
	kcal	g	g	g	mg	mg	mg	mg	AμgRE	B_1 mg	B_2 mg	C mg	g
ご飯	339	5.8	0.9	0	5	22	0.8	1.3	0	0.44	0.03	0	0.5
きのこ汁	44	4.6	1.5	1.3	74	22	0.9	0.6	49	0.06	0.07	3	1.9
揚豆腐	195	9.1	10.9	0.8	166	45	1.6	0.8	0	0.09	0.05	0	1.0
あえ物	65	1.4	4.1	0.6	67	16	1.1	0.3	103	0.04	0.04	10	1.9
くだもの	22	0.2	0.1	0	1	3	0	0.1	0	0.01	0	2	0.5
牛乳	138	6.8	7.8	0.2	227	21	0	0.8	78	0.08	0.31	2	0
合計	803	27.9	25.3	2.9	540	129	4.4	3.9	230	0.72	0.50	17	5.8

メッセージ

昔は、味つけ用の調味料などが手に入りにくく、木の実や香味野菜を使って料理に味つけをしていました。今ではなかなか味わうことのできない懐かしい郷土料理として、今日はくるみやけしの実を使った料理を取り入れました。素朴な自然の味を味わいましょう。

きび麦ご飯　大根と油揚げのみそ汁　**凍り豆腐のハンバーグ**　ほうれん草のおひたし　りんご　牛乳

献立名	食品番号	材料	分量（g）	作り方
きび麦ご飯	1083	精白米	70	
	1007	米粒麦	5	
	1011	きび	5	
大根と油揚げのみそ汁	17023	煮干し（だし用）	3	① 煮干しでだしをとる。 ② にんじんと大根はせん切りに、長ねぎは小口切りにする。 ③ 油揚げは短冊切りにし、油抜きする。 ④ ①に根菜と③を加えて、煮る。 ⑤ みそを加えて、味つけする。
	6132	大根	30	
	6212	にんじん	10	
	4040	油揚げ	3	
	6226	長ねぎ	10	
	17045	白みそ	10	
		水	150	
凍り豆腐のハンバーグ	4042	凍り豆腐・粉末	10	① しいたけを洗って、もどす。 ② ①としょうがはみじん切りに、葉ねぎは小口切りにする。 ③ 牛乳を温め、凍り豆腐を加えて、混ぜ合わせる。 ④ ②③と鶏ひき肉、みそ、ごま油、卵を混ぜ合わせて、丸める。 ⑤ 鉄板に油をひき、④を焼く。 ⑥ ⑤に焼き色がついたら、酒、水を加えて、蒸し焼きにする。 ＊ みそで味つけしているが、お好みでケチャップやソースをかけてもよい。
	13003	牛乳	13	
	11230	鶏ひき肉	40	
	6227	葉ねぎ	5	
	8013	しいたけ（乾）	3	
	6103	しょうが	2	
	17045	白みそ	5	
	14002	ごま油	2	
	12004	鶏卵	13	
	14011	ひまわり油（焼き用）	1.5	
	16001	酒	5	
		水	10	
ほうれん草のおひたし	6267	ほうれん草	40	① ほうれん草、白菜はざく切りにする。 ② 野菜をゆでて、冷却する。 ③ カツオ節をから煎りする。 ④ あえる。
	6233	白菜	15	
	6289	もやし	15	
	10091	カツオ節	1	
	17008	薄口しょうゆ	3	
りんご	7148	りんご	60	① 1/4 に切り分ける。
牛乳	13003	牛乳	206	

料理名	エネルギー	たんぱく質	脂質	塩分	カルシウム	マグネシウム	鉄	亜鉛	ビタミン				食物繊維
	kcal	g	g	g	mg	mg	mg	mg	AμgRE	B1 mg	B2 mg	C mg	g
ご飯	284	5.2	0.8	0	5	21	0.8	1.2	0	0.08	0.01	0	0.9
みそ汁	43	2.3	1.6	1.2	32	17	0.6	0.3	76	0.02	0.01	5	1.4
ハンバーグ	203	16.6	12.3	0.6	99	33	1.7	1.3	49	0.08	0.21	2	1.7
おひたし	18	2.3	0.2	0.5	29	33	1.0	0.4	141	0.06	0.09	19	1.5
くだもの	32	0.1	0.1	0	2	2	0	0	1	0.01	0.01	2	0.9
牛乳	138	6.8	7.8	0.2	227	21	0	0.8	78	0.08	0.31	2	0
合計	714	32.9	22.8	2.5	386	125	4.0	3.9	344	0.32	0.63	25	6.0

メッセージ

凍り豆腐は、かためにつくった豆腐を薄く切り、－4℃以下の寒い夜に箱に並べて、外に出して凍らせ、凍った豆腐はわらで編み、つるして乾燥させます。今は工場で作られることが多いですが、今でも昔ながらの作り方をしている所もあります。豆腐を乾燥させるので、栄養素がギュッと凝縮され、カルシウムは豆腐の5倍、鉄分は7倍近くも含まれています。これらのミネラルは成長期の皆さんには、特に不足しやすいものです。凍り豆腐を使った料理でおいしくミネラル補給をして、日本の味を楽しみましょう。

麦ご飯　かぶのスープ　**大豆と鶏肉の揚げ煮**　はりはり漬け　みかん　牛乳

献立名	食品番号	材料	分量（g）	作り方
麦ご飯	1083	米	75	
		強化米	0.23	
	1007	押麦	5	
かぶのスープ	17019	カツオ節（だし用）	1.5	① カツオ節でだしをとる。 ② かぶはいちょう切りに、しいたけはせん切りにする。 ③ かぶの葉は 3cmカットにし、下ゆでする。 ④ ①に豚肉と②を加えて、煮る。 ⑤ 調味料を加えて、味つけする。 ⑥ ③を加える。
	11130	豚もも肉・こま切れ	20	
	6036	かぶ	25	
	6034	かぶの葉	15	
	8011	生しいたけ	10	
	16001	酒	0.8	
	17008	薄口しょうゆ	1.2	
	17012	食塩	0.5	
		水	150	
大豆と鶏肉の揚げ煮	11224	鶏もも肉・角切り	25	①大豆は事前に洗って、もどす。 ②しょうがはすりおろす。さつまいもは乱切りに、にんじんは厚めのいちょう切りにする。 ③鶏肉に下味をつける。 ④③にでんぷんを付けて、油で揚げる。 ⑤さつまいもは油で素揚げにする。 ⑥ほうれん草はざく切りにして、下ゆでする。 ⑦①とにんじんを煮る。 ⑧調味料を加えて、味つけする。 ⑨④⑤⑥を加える。
	6103	しょうが	0.15	
	7007	濃口しょうゆ	0.4	
	2034	でんぷん	1.6	
	2006	さつまいも	30	
	14005	揚げ油	3	
	6267	ほうれん草	8	
	4023	大豆（乾）	8	
	6212	にんじん	5	
	3004	三温糖	2.5	
	17008	薄口しょうゆ	3.6	
	16001	酒	0.6	
		水	3.6	
はりはり漬け	6136	切り干し大根	6	①切り干し大根は洗って、もどす。 ②切り干し大根は短く切り、にんじんはせん切りにする。 ③②ともやしをゆでて、冷却する。 ④ごまをから煎りする。 ⑤調味料を合わせる。 ⑥あえる。
	6212	にんじん	4.5	
	6289	もやし	18	
	5018	白いりごま	1	
	17016	酢	3.6	
	17008	薄口しょうゆ	4.5	
	3003	上白糖	0.9	
みかん	7026	みかん	50	
牛乳	13003	牛乳	206	

料理名	エネルギー	たんぱく質	脂質	塩分	カルシウム	マグネシウム	鉄	亜鉛	ビタミン				食物繊維
	kcal	g	g	g	mg	mg	mg	mg	AμgRE	B_1 mg	B_2 mg	C mg	g
ご飯	285	5.1	0.8	0	5	19	0.7	1.2	0	0.36	0.03	0	0.8
スープ	49	5.1	2.0	0.7	45	13	0.5	0.4	36	0.21	0.09	18	1.2
揚げ煮	152	8.3	5.6	0.7	39	39	1.4	1.0	72	0.13	0.11	13	2.4
漬物	35	1.2	0.5	0.8	50	19	0.8	0.3	34	0.03	0.02	2	1.7
くだもの	23	0.3	0	0	9	6	0.1	0.1	44	0.04	0.02	18	0.4
牛乳	138	6.8	7.8	0.2	227	21	0	0.8	78	0.08	0.31	2	0
合計	682	26.8	16.7	2.4	375	117	3.5	3.8	264	0.85	0.58	53	6.5

メッセージ

今日の給食は、この秋とれた大豆とさつまいもを使って、「大豆と鶏肉の揚げ煮」を作りました。
皆さんの家では、大豆をどうやって料理して食べますか？　今日は、煮て味をつけた大豆と揚げた鶏肉とさつまいも、そしてほうれん草、にんじんを煮汁と一緒にからめました。甘辛くてとてもおいしいですよ。

栄養のバランスが悪いとフラフラ…　あなたは大丈夫？

貧血の話 ―その１―

中学生になると部活動が盛んになり、激しい運動をする機会が増え、貧血の症状が出てしまう人もいます。成長期のみなさんに貧血は大敵。

みんなで貧血を予防して、健康なからだをつくるにはどうすればいいか考えてみましょう。

こんな症状に心当たりはありませんか？

くらっ
ふー

いねむり　めまい　立ちくらみ　どうき　いきぎれ　肩こり　頭痛　疲れやすい

ほかに、手足が冷える、顔色が悪い、爪の色が白っぽい…など

貧血とは？

貧血とは、血液の中の赤血球に含まれる血色素（ヘモグロビン）の量が少ないこと、つまり血の薄い状態のことをいいます。

血色素（ヘモグロビン）はからだの組織や細胞に酸素を運ぶ役目をしているので、血色素が少なくなり、貧血になると、からだが酸素不足になって、健康に障害が出てきます。

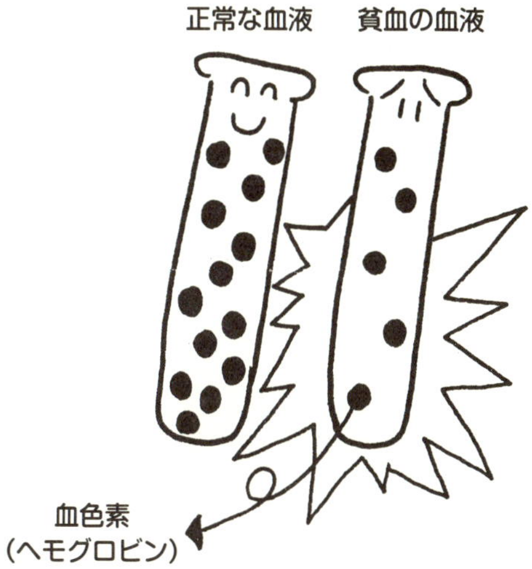
正常な血液
貧血の血液
血色素
（ヘモグロビン）

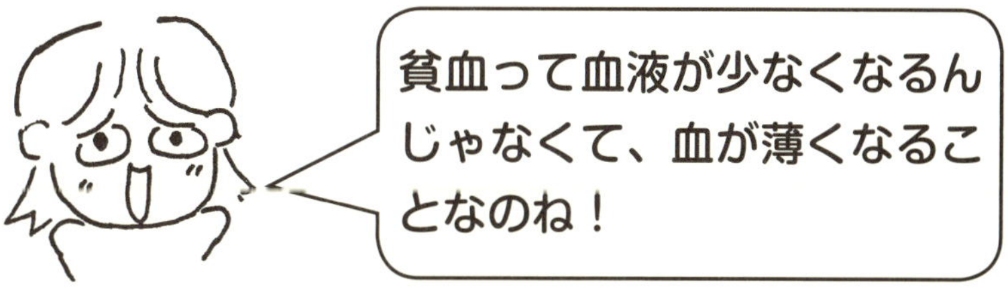
貧血って血液が少なくなるんじゃなくて、血が薄くなることなのね！

71ページへつづく

中学校

ご飯　春キャベツのスープ　**アジのアーモンドフライ**　菜の花のからしあえ　牛乳

献立名	食品番号	材料	分量（g）	作り方
ご飯	1083	精白米	105	
春キャベツのスープ	17024	鶏がら（だし用）	5	① 鶏がらでだしをとる。
	6212	にんじん	15	② にんじんはいちょう切りに、たまねぎはくし形切りに、キャベツは短冊切りに、パセリはみじん切りにする。
	6153	たまねぎ	35	
	6061	キャベツ	55	
	16002	酒	1.7	③ ①ににんじんとたまねぎ、キャベツを加えて、煮る。
	17007	濃口しょうゆ	2	
	3003	上白糖	0.1	④ 調味料を加えて、味つけする。
	17012	食塩	0.8	⑤ パセリとレモン果汁を加える。
	17065	こしょう	0.04	
	6239	パセリ	1	
	7156	レモン果汁	0.2	
		水	100	
アジのアーモンドフライ	10003	アジ・開き	60	① アジに下味をつける。
	17012	食塩	0.2	② アーモンドを刻んでパン粉に混ぜる。
	17065	こしょう	0.03	④ ①に衣をつける。
	1017	薄力粉	10	⑤ 油で揚げる。
	12004	鶏卵	5	⑥ レモンはくし型に切って、フライに添える。
	1079	パン粉	8	
	5001	アーモンド・スライス	20	＊ ソースは別配缶にする。
	14005	揚げ油	5	
	17002	中濃ソース	7	
	7155	レモン	5	
菜の花のからしあえ	6201	菜ばな	25	① 野菜は3㎝カットにする。
	6267	ほうれん草	25	② ①をゆでて、冷却する。
	3003	上白糖	0.3	③ からしをお湯で溶き、調味料を合わせる。
	17008	薄口しょうゆ	0.5	④ あえる。
	17012	食塩	0.2	
	17057	からし粉	0.2	
牛乳	13003	牛乳	206	

料理名	エネルギー	たんぱく質	脂質	塩分	カルシウム	マグネシウム	鉄	亜鉛	ビタミン				食物繊維
	kcal	g	g	g	m g	m g	m g	m g	Aμg RE	B_1 mg	B_2 mg	C mg	g
ご飯	374	6.4	0.9	0	5	24	0.8	1.5	0	0.08	0.02	0	0.5
スープ	35	1.5	0.1	1.1	39	14	0.4	0.2	122	0.04	0.03	29	2.2
フライ	326	18.8	19.1	0.9	77	90	1.7	1.4	14	0.13	0.32	0	2.9
あえ物	15	1.8	0.2	0.3	53	25	1.2	0.4	133	0.07	0.12	42	1.8
牛乳	138	6.8	7.8	0.2	227	21	0	0.8	78	0.08	0.31	2	0
合計	888	35.3	28.1	2.5	401	174	4.1	4.3	347	0.40	0.80	73	7.4

メッセージ

今日の献立は、鉄分をたくさん摂取することができます。鉄はみなさんにとって大切な成分で、体温の維持や成長を助けるなど、からだにとっての基本的な機能を高める働きがあります。

春キャベツや菜の花など春ならではの食材と一緒に、たくさん食べて元気に生活しましょう。

麦ご飯　ワカメとアサリのスープ　カツオのみそ漬け焼き　**かぼちゃのアーモンドサラダ**　柿　牛乳

献立名	食品番号	材料	分量（g）	作り方
麦ご飯	1083	精白米	76	
	1006	押麦	4	
ワカメとアサリのスープ	9040	ワカメ（乾）	1	① ワカメはもどし、ほうれん草はゆでておく。
	6267	ほうれん草	15	② 短冊切りのにんじんを煮て、アサリを入れ煮る。
	10283	アサリ（水煮）	10	③ 調味料を入れ、ワカメとほうれん草を入れる。
	6212	にんじん	5	
	5018	白いりごま	1	
	17007	濃口しょうゆ	3	
	16001	酒	1	
	17027	中華スープ	1	
	17012	食塩	0.3	
	17064	白こしょう	0.05	
		水	180	
カツオのみそ漬け焼き	10086	カツオ	50	① 調味料を合わせ、カツオを入れ30分くらい漬け込む。
	17045	白みそ	4	② オーブンでこんがり焼く。
	16025	みりん	2	
	3003	上白糖	2	
	17007	濃口しょうゆ	0.5	
かぼちゃのアーモンドサラダ	6048	かぼちゃ	50	① かぼちゃは一口大に切り蒸しておく。
	6065	きゅうり	10	② たまねぎ、きゅうりはスライスしゆでる。
	6153	たまねぎ	10	③ マヨネーズとヨーグルトを合わせ、かぼちゃ、たまねぎ、きゅうり、チーズ、干しぶどう、塩、こしょうを入れてあえる。
	13040	チーズ	5	④ アーモンドを上にちらす。
	5001	アーモンド・スライス	3	
	17042	マヨネーズ	5	
	13025	プレーンヨーグルト	3	
	7117	干しぶどう	5	
	17064	白こしょう	0.05	
	17012	食塩	0.3	
柿	7409	柿	50	
牛乳	13003	牛乳	206	

料理名	エネルギー	たんぱく質	脂質	塩分	カルシウム	マグネシウム	鉄	亜鉛	ビタミン				食物繊維
	kcal	g	g	g	mg	mg	mg	mg	AμgRE	B_1 mg	B_2 mg	C mg	g
ご飯	211	3.6	0.6	0	3	14	0.4	0.8	0	0.24	0.32	0	0.3
スープ	20	1.6	0.6	1.2	36	31	1.0	0.3	184	0.02	0.06	5	1.0
カツオ	78	13.4	0.5	0.4	10	24	1.2	0.4	3	0.07	0.09	0	0.2
サラダ	138	3.2	7.0	0.4	69	29	0.5	0.3	352	0.06	0.10	24	2.6
くだもの	30	0.2	0.1	0	5	3	0.1	0.1	35	0.02	0.01	35	0.8
牛乳	138	6.8	7.8	0.2	227	21	0	0.8	78	0.08	0.31	2	0
合計	615	28.8	16.6	2.2	350	122	3.2	2.7	615	0.49	0.89	66	4.9

メッセージ

アサリを入れることにより、鉄分をたくさんとることができます。
今日のサラダは、かぼちゃ、きゅうり、たまねぎ、チーズ、干しぶどうをマヨネーズとヨーグルトであえアーモンドをちらしました。カルシウム、鉄分、ビタミン類そして食物繊維と栄養いっぱいの一品です。

麦ご飯　にゅうめん　**ごまつくね焼き**　白菜のおひたし　みかん　牛乳

献立名	食品番号	材料	分量（g）	作り方
麦ご飯	1083	精白米	75	
	1005	押麦	5	
にゅうめん	17019	カツオ節（だし用）	1.5	① カツオ節でだしをとる。 ② かまぼこはいちょう切りに、にんじんはせん切りに、しめじは小房分けにする。 ③ ほうれん草はざく切りにして、下ゆでする。 ④ ①に②を入れて、煮る。 ⑤ 調味料を加えて、味つけする。 ⑥ そうめんと③を加える。
	1043	そうめん（乾）	8	
	10379	かまぼこ	8	
	6212	にんじん	5	
	8016	しめじ	10	
	6267	ほうれん草	15	
	17012	食塩	0.2	
	17008	薄口しょうゆ	6	
	16001	酒	1.5	
		水	170	
ごまつくね焼き	11163	豚ひき肉	15	① しょうがはすりおろし、えのきたけは1cmカットにする。 ② 全ての材料を混ぜ合わせて、よく練る。 ③ 1人2個ずつになるように分け、小判型に丸める。 ④ ごまをまぶして、焼く。
	11230	鶏ひき肉	40	
	6103	しょうが	1	
	8001	えのきたけ	15	
	12004	鶏卵	8	
	1079	パン粉	3	
	17045	白みそ	1.8	
	3004	三温糖	0.9	
	16025	みりん	1	
	16001	酒	1	
	17007	濃口しょうゆ	1.8	
	17012	食塩	0.3	
	17064	白こしょう	0.08	
	5018	白いりごま	10	
白菜のおひたし	6233	白菜	80	① 白菜は短冊切りに、にんじんはせん切りにする。 ② ①をゆでて、冷却する。 ③ カツオ節はから煎りする。 ④ あえる。
	6212	にんじん	4	
	10091	カツオ節	1	
	17008	薄口しょうゆ	2	
みかん	7026	みかん	50	
牛乳	13003	牛乳	206	

料理名	エネルギー	たんぱく質	脂質	塩分	カルシウム	マグネシウム	鉄	亜鉛	ビタミン				食物繊維
	kcal	g	g	g	mg	mg	mg	mg	AμgRE	B_1 mg	B_2 mg	C mg	g
ご飯	284	4.9	0.8	0	5	18	0.7	1.2	0	0.06	0.02	0	0.9
めん	53	3.5	0.5	1.8	17	22	0.5	0.1	91	0.06	0.11	5	1.1
つくね焼	195	15.2	12.1	0.8	132	6	2.0	1.5	24	0.15	0.14	0	2.3
おひたし	17	1.5	0.1	0.3	36	10	0.3	0.2	29	0.02	0.02	8	1.2
くだもの	23	0.3	0	0	9	6	0.1	0.1	44	0.04	0.02	18	0.4
牛乳	138	6.8	7.8	0.2	227	21	0	0.8	78	0.08	0.31	2	0
合計	710	32.2	21.3	3.1	426	83	3.6	3.9	266	0.41	0.62	33	5.9

メッセージ

今日の主菜はえのきたけの入ったつくねに、ごまをたっぷりつけて焼いた「ごまつくね焼き」です。
ごまには、鉄分やカルシウムなどの私たちのからだを強くしてくれる栄養素がギュッと詰まっています。よくかんで食べましょう。

栗ご飯　里芋汁　揚げ豆腐の肉みそあん　ごま酢あえ　牛乳

献立名	食品番号	材料	分量（g）	作り方
栗ご飯	1083	精白米	70	① 栗と調味料を加えて、炊飯する。
		強化米	0.21	
	1007	米粒麦	5	
	5010	生むき栗 1/4 カット	25	
	17012	食塩	0.9	
	16001	酒	1.5	
里芋汁	17023	煮干し（だし用）	2	① 煮干しでだしをとる。 ② 里芋はいちょう切りに、白菜はざく切りに、しめじは小房分け、長ねぎは小口切りにする。 ③ ①に里芋を加えて、煮る。 ④ しめじ、白菜を加える。 ⑤ みそを加えて、味つけする。 ⑥ 長ねぎを加える。
	2010	里芋	30	
	6233	白菜	25	
	8016	しめじ	8	
	6226	長ねぎ	6	
	17045	白みそ	9	
		水	140	
揚げ豆腐の肉みそあん	4032	絞り豆腐	70	① しょうがとたまねぎはみじん切りにする。 ② 絞り豆腐は 1/6 に切る。 ③ ②に粉をつけて、油で揚げる。 ④ 油でしょうが、豚ひき肉、たまねぎを炒める。 ⑤ ④に調味料を加えて味つけし、肉みそあんを作る。 ⑥ ③に⑤をかける。
		玄米粉	2	
	2034	でんぷん	8	
	14008	揚げ油	3.5	
	11131	豚ももひき肉	20	
	6153	たまねぎ	15	
	6103	しょうが	0.3	
	14008	炒め油	0.5	
	17045	白みそ	3	
	3004	三温糖	1	
	16025	みりん	1	
		水	1	
ごま酢あえ	6061	キャベツ	35	① キャベツとほうれん草は短冊切りに、にんじんはせん切りにする。 ② ①をゆでて、冷却する。 ③ ごまをから煎りする。 ④ ③に調味料を合わせる。 ⑤ あえる。
	6267	ほうれん草	25	
	6212	にんじん	6	
	5018	黒すりごま	3	
	3003	上白糖	0.8	
	17015	酢	1.2	
	17008	薄口しょうゆ	2.5	
牛乳	13003	牛乳	206	

料理名	エネルギー	たんぱく質	脂質	塩分	カルシウム	マグネシウム	鉄	亜鉛	ビタミン				食物繊維
	kcal	g	g	g	mg	mg	mg	mg	A μg RE	B_1 mg	B_2 mg	C mg	g
ご飯	310	5.4	0.8	0.9	10	28	0.9	1.2	1	0.38	0.04	8	1.9
里芋汁	41	2.0	0.5	1.1	25	18	0.7	0.3	2	0.04	0.04	7	1.8
揚豆腐	168	9.7	8.4	0.4	92	30	0.8	0.8	1	0.25	0.07	1	0.7
あえ物	38	1.8	1.8	0.4	66	35	0.9	0.5	135	0.05	0.07	23	1.9
牛乳	138	6.6	7.8	0.2	227	21	0	0.8	78	0.08	0.31	2	0
合計	695	25.5	19.3	3.0	420	132	3.3	3.6	217	0.80	0.53	41	6.3

メッセージ

実りの秋です。山には木の実やきのこがどっさり。畑にも食べ物がどっさり。
今日はその中から「栗」、「里芋」、「きのこ」を使って給食を作りました。どの料理に使われているか探しながら食べてみてくださいね。

中学校

ソフトめんのごまみそあんかけ　ヒジキのサラダ　ぶどうのカップケーキ　牛乳

献立名	食品番号	材料	分量（g）	作り方
ソフトめん	1040	ソフトめん	250	
ごまみそあんかけ	11131	豚もも肉	30	① 白菜はざく切りに、たまねぎはくし型スライス、にんじんはせん切りに、しいたけはもどして薄切りにしておく。 ② 油で肉、たまねぎ、にんじんを炒める。 ③ ②へその他の材料を入れ煮る。 ④ 調味料、ごまを入れ、味をととのえ最後に水溶きでんぷんを入れとろみをつける。
	6233	白菜	35	
	6153	たまねぎ	25	
	6212	にんじん	10	
	6289	もやし	40	
	8013	しいたけ（乾）	1	
	14003	炒め油	0.8	
	17045	白みそ	13	
	17007	濃口しょうゆ	4	
	16025	みりん	2	
	5017	すりごま	7	
	2034	でんぷん	2	
ヒジキのサラダ	9031	ヒジキ（乾）	1.5	① ヒジキをもどして、しょうゆ、みりん、三温糖で煮て、冷ましておく。 ② レタスは手でちぎり、きゅうり、にんじんはせん切りにする。 ③ ドレッシングを作り、あえる。
	17007	濃口しょうゆ	3	
	16025	みりん	3	
	3004	三温糖	1	
	6312	レタス	35	
	6065	きゅうり	15	
	6212	にんじん	5	
	17008	薄口しょうゆ	0.7	
	17016	酢	2	
	14002	ごま油	1.5	
ぶどうの カップケーキ	1015	薄力粉	20	① 干しぶどうは白ワインにつけておく。 ② 材料を混ぜ合わせ、カップに入れオーブンで焼く。
	17084	ベーキングパウダー	0.6	
	14017	バター	8	
	12004	鶏卵	10	
	3003	砂糖	8	
	7119	ぶどうジュース	10	
	16010	白ワイン	4	
	7117	干しぶどう	4	
牛乳	13003	牛乳		

料理名	エネルギー	たんぱく質	脂質	塩分	カルシウム	マグネシウム	鉄	亜鉛	ビタミン				食物繊維
	kcal	g	g	g	mg	mg	mg	mg	A μg RE	B_1 mg	B_2 mg	C mg	g
めんスープ	457	22.2	8.0	2.3	149	84	2.9	2.1	157	0.74	0.29	13	6.7
サラダ	37	0.8	1.5	0.6	33	16	1.0	0.1	103	0.03	0.04	4	1.2
ケーキ	201	2.9	7.8	0.3	29	5	0.4	0.2	57	0.04	0.05	0	0.7
牛乳	138	6.8	7.8	0.2	227	21	0	0.8	78	0.08	0.31	2	0
合計	833	32.7	25.1	3.4	438	126	4.3	3.2	395	0.89	0.69	19	8.6

メッセージ

鉄分が不足すると、貧血となり、脱力感や息切れなどの症状が表れます。今日の給食であんかけに使ったごま、サラダに使ったヒジキには、鉄分がたくさん含まれています。しっかり食べて、貧血を予防しましょう。

麦ご飯　肉じゃが　**ちくわのピーナッツ揚げ**　野菜のみそドレあえ　牛乳

献立名	食品番号	材料	分量（g）	作り方
麦ご飯	1083	精白米	76	
	1006	押麦	4	
		強化米	0.21	
肉じゃが	11155	豚もも肉	20	① しらたきを湯通しする。
	6212	にんじん	20	② 絹さやも湯通しをする。
	6153	たまねぎ	40	③ じゃがいもを大きめに切り、水にさらす。
	2017	じゃがいも	60	④ 油を熱し肉を炒め他の野菜を炒める。
	2005	しらたき	40	⑤ 汁を加え、アクを取り、調味料を入れ、野菜がやわらかくなるまで煮含める。
	6020	絹さや	5	⑥ 最後に絹さやを加えさっと煮る。
	8001	えのきたけ	10	
	16001	酒	1	
	16025	みりん	2	
	3004	三温糖	2	
	17007	濃口しょうゆ	7	
	14003	炒め油	1	
ちくわのピーナッツ揚げ	10381	ちくわ	50	① ちくわを半分に切る。
	12004	鶏卵	2	② 衣の中に落花生と青のりを混ぜる。
	1015	薄力粉	7	③ ちくわに衣をつけて揚げる。
	5034	落花生	5	＊ 落花生は刻みを使用する。
	9002	青のり	0.3	
	14003	揚げ油	5	
野菜のみそドレあえ	6061	キャベツ	35	① 野菜を湯通しする。
	6287	もやし	35	② みそドレッシングを作り、あえる。
	6212	にんじん	5	
	17044	みそ	2	
	14003	サラダ油	2	
	17015	酢	2	
	17008	薄口しょうゆ	2	
	3004	三温糖	1	
牛乳	13003	牛乳	206	

料理名	エネルギー	たんぱく質	脂質	塩分	カルシウム	マグネシウム	鉄	亜鉛	ビタミン				食物繊維
	kcal	g	g	g	mg	mg	mg	mg	A μgRE	B_1 mg	B_2 mg	C mg	g
ご飯	285	4.8	0.8	0	5	18	0.6	1.1	0	0.08	0.31	2	0
肉じゃが	115	5.6	2.6	1.0	33	28	0.7	0.7	226	0.22	0.07	21	2.5
揚げ物	164	8.2	8.9	1.1	17	23	0.8	0.4	7	0.05	0.06	0	0.6
あえ物	48	1.8	2.6	0.3	23	13	0.3	0.2	76	0.04	0.03	13	1.4
牛乳	138	6.8	7.8	0.2	227	21	0	0.8	78	0.08	0.31	2	0
合計	750	27.2	22.7	2.6	305	103	2.4	3.2	387	0.47	0.78	38	4.5

メッセージ

今日は、「ちくわのピーナッツ揚げ」に青のりを加えました。青のりには鉄分が多く含まれています。青のりのいろどりと香りを楽しんで食べましょう。

麦ご飯　鶏だんご汁　**切り干し大根の卵とじ**　ごまじょうゆあえ　ミニトマト　牛乳

献立名	食品番号	材料	分量（g）	作り方
麦ご飯	1083	精白米	70	
	1007	米粒麦	10	
鶏だんご汁	17019	サバ節（だし用）	2	① サバ節でだしをとる。 ② ヒジキは洗って、もどす。 ③ しょうがはすりおろし、鶏肉に混ぜる。長ねぎはみじん切りに、汁に入れる長ねぎは小口切りに、じゃがいもとにんじんはいちょう切りに、ごぼうは斜め半月切りに、キャベツはざく切りに、えのきたけは 1/3 カットにする。 ④ 鶏だんごの材料を混ぜ合わせて、タネを作る。 ⑤ ①に根菜を加えて、煮る。 ⑥ ④を一口大に丸めて、入れる。 ⑦ キャベツとえのきたけを加える。 ⑧ 調味料を加えて、味つけする。 ⑨ 長ねぎを加える。
	11230	鶏ひき肉	25	
	4032	絞り豆腐	15	
	6103	しょうが	0.2	
	6226	長ねぎ	7	
	9031	芽ヒジキ（乾）	0.8	
	2034	でんぷん	2.5	
	17007	濃口しょうゆ	0.8	
	2017	じゃがいも	12	
	6212	にんじん	5	
	6084	ごぼう	8	
	6061	キャベツ	15	
	8001	えのきたけ	8	
	6226	長ねぎ	12	
	16001	酒	1	
	16025	みりん	1.5	
	17008	薄口しょうゆ	4	
	17012	食塩	0.3	
		水	80	
切り干し大根の卵とじ	14003	炒め油	1	① 切り干し大根、凍り豆腐、しいたけは洗って、もどす。 ② 切り干し大根は短く切り、しいたけはせん切りに、にんじんは短冊切りに、ちくわは半月切りにする。 ③ さやえんどうは下ゆでする。 ④ 油でにんじん、切り干し大根、しいたけを炒める。 ⑤ ちくわと凍り豆腐を加える。 ⑥ 調味料を加え味つけして、弱火で煮る。 ⑦ 溶き卵でとじる。 ⑧ ③を加える。
	6136	切り干し大根	3.5	
	4042	凍り豆腐・細切り	1.5	
	8013	しいたけ（乾）	1	
	10381	ちくわ	6	
	6212	にんじん	5	
	6020	さやえんどう	3	
	3004	三温糖	0.7	
	16025	みりん	1	
	17008	薄口しょうゆ	3.5	
	12004	鶏卵	25	
ごまじょうゆあえ	6207	にら	12	① にらは 4cmに切る。 ② ①ともやしをゆでて、冷却する。 ③ 黒ごまはから煎りする。 ④ 調味料を合わせる。 ⑤ あえる。
	6289	もやし	40	
	5018	黒すりごま	1	
	3004	三温糖	0.4	
	14002	ごま油	0.8	
	17008	薄口しょうゆ	2.8	
ミニトマト	6183	ミニトマト（2個）	20	
牛乳	13003	牛乳	206	

料理名	エネルギー	たんぱく質	脂質	塩分	カルシウム	マグネシウム	鉄	亜鉛	ビタミン				食物繊維
	kcal	g	g	g	mg	mg	mg	mg	A μg RE	B_1 mg	B_2 mg	C mg	g
ご飯	283	5.0	0.8	0	6	19	0.7	1.1	0	0.08	0.02	0	1.3
汁	96	7.4	2.7	1.1	50	32	1.0	0.4	51	0.08	0.07	12	2.3
卵とじ	84	5.2	4.2	0.8	46	17	1.0	0.5	77	0.04	0.13	2	1.3
あえ物	26	1.4	1.3	0.4	25	11	0.4	0.3	35	0.03	0.04	6	1.0
ミニトマト	6	0.2	0	0	2	3	0.1	0	16	0.01	0.01	6	0.3
牛乳	138	6.8	7.8	0.2	227	21	0	0.8	78	0.08	0.31	2	0
合計	633	26.0	16.8	2.5	356	103	3.2	3.1	257	0.32	0.58	28	6.2

メッセージ

切り干し大根は名前の通り、大根を切って太陽の下で干して乾燥させたものです。昔からある切り干し大根は、新鮮な野菜がとれない真冬でも野菜を食べられるように工夫してできた保存食です。太陽の光を浴びて干しているのでからだの調子を整えるビタミンがたっぷり含まれています。ご飯のおかずによく合う煮物です。おいしくいただきましょう。

コッペパン　キャベツのスープ煮　サケのチーズ焼き　**かみかみあえ**　牛乳

献立名	食品番号	材料	分量（g）	作り方
コッペパン		コッペパン	93	
キャベツのスープ煮	17024	鶏ガラ（だし用）	6	① 鶏ガラでだしをとる。 ② たまねぎは大きめのくし形切りに、にんじん、じゃがいもは乱切りに、セロリは薄くスライス、キャベツはざく切りにする。 ③ ブロッコリーは小房分けにし、下ゆでする。 ④ ①に②と鶏肉、ウインナーを加えて、煮る。 ⑤ 調味料を加えて、味つけする。 ⑥ ③を加える。
		水	120	
	11220	鶏むね肉・一口大	8	
	11186	ウインナー・乱切り	8	
	6153	たまねぎ	30	
	6212	にんじん	15	
	2017	じゃがいも	30	
	6119	セロリ	2	
	6061	キャベツ	60	
	6263	ブロッコリー	20	
	17012	食塩	0.8	
	17064	白こしょう	0.06	
	16010	白ワイン	2	
	7156	レモン果汁	0.2	
サケのチーズ焼き	10134	サケ・切り身	50	① サケに下味をつける。 ② ①にチーズとみじん切りにしたパセリをのせる。 ③ 焼く。
	17012	食塩	0.3	
	17064	白こしょう	0.02	
	13040	スライスチーズ	5	
	6239	パセリ	0.8	
かみかみあえ	6136	切り干し大根	8	① 切り干し大根は洗って、もどす。 ② 切り干し大根は短く切り、にんじんはせん切りに、小松菜はざく切りにする。 ③ ②をゆでて、冷却する。 ④ さきイカはオーブンで焼く。 ⑤ ④に調味料を加えて、下味をつける。 ⑥ ごまはから煎りする。 ⑦ あえる。
	6212	にんじん	5	
	6086	小松菜	20	
	10354	さきイカ	6	
	14002	ごま油	0.3	
	17008	薄口しょうゆ	2	
	17015	酢	1.5	
	3003	上白糖	0.7	
	5018	白いりごま	0.4	
牛乳	13003	牛乳	206	

料理名	エネルギー	たんぱく質	脂質	塩分	カルシウム	マグネシウム	鉄	亜鉛	ビタミン				食物繊維
	kcal	g	g	g	mg	mg	mg	mg	A μgRE	B_1 mg	B_2 mg	C mg	g
パン	246	7.9	3.5	1.2	34	22	0.9	0.7	0	0.07	0.07	0	1.9
スープ煮	97	5.3	2.8	1.0	47	27	0.8	0.7	130	0.13	0.12	64	2.4
サケ	84	12.3	3.4	0.5	41	15	0.4	0.5	24	0.08	0.13	2	0.1
あえ物	53	3.7	0.7	0.8	84	24	1.5	0.4	96	0.05	0.06	8	2.3
牛乳	138	6.8	7.8	0.2	227	21	0	0.8	78	0.08	0.31	2	0
合計	618	36.0	18.2	3.7	433	109	3.6	3.1	328	0.41	0.69	76	6.7

メッセージ

　かみかみあえは、かみごたえのあるさきイカと切り干し大根をあえてみました。よくかんで食べるとだ液がたくさん出て、虫歯になるのを防いでくれたり、頭の働きをよくしてくれたりします。今日はいつも以上によくかんでいただきましょう。

麦ご飯　きのこ汁　エビコロッケ　**小松菜のサラダ**　牛乳

献立名	食品番号	材料	分量（g）	作り方
麦ご飯	1083	精白米	76	
		強化米	0.24	
	1007	米粒麦	4	
きのこ汁	11131	豚もも肉・こま切れ	10	① 豆腐は角切りに、にんじんはいちょう切りに、長ねぎとごぼうは小口切りに、えのきたけは 1/2 カット、しめじは小房分けにする。
	4032	木綿豆腐	30	② だしをとり、豚肉と根菜を煮る。
	6212	にんじん	10	③ 豆腐ときのこを加える。
	6084	ごぼう	15	④ 調味料を加えて、味つけする。
	6226	長ねぎ	3	⑤ 長ねぎを加える。
	8001	えのきたけ	10	
	8016	しめじ	10	
	17045	白みそ	7	
	17008	薄口しょうゆ	1.5	
	17023	煮干し（だし用）	2	
		水	120	
エビコロッケ	14005	炒め油	0.5	① たまねぎとパセリはみじん切りにする。
	6153	たまねぎ	10	② 油でたまねぎを炒め、塩・こしょうする。
	17064	白こしょう	0.05	③ むきエビは蒸す。
	17012	食塩	0.3	④ じゃがいもはゆでて、つぶす。
	10328	むきエビ	15	⑤ ④に②③とチーズを加えて、混ぜ合わせる。
	2017	じゃがいも	60	⑥ パン粉にパセリを混ぜておく。
	13040	サイコロチーズ	8	⑦ ⑤を丸めて、衣をつける。
	1015	薄力粉	4	⑧ ⑦を油で揚げる。
	12004	鶏卵	4	
	1079	パン粉	5	
	6239	パセリ	1	
	14005	揚げ油	4.5	
小松菜のサラダ	6086	小松菜	25	① 小松菜はざく切りに、キャベツは短冊切りに、きゅうりは小口切りにする。
	6061	キャベツ	20	② ①とコーンをゆでて、冷却する。
	6065	きゅうり	12	③ 調味料を合わせる。
	6177	ホールコーン（冷）	10	④ あえる。
	10263	ツナフレーク	8	
	14004	サフラワー油	0.8	
	17008	薄口しょうゆ	1	
	3003	上白糖	0.8	
	17016	酢	1	
	17012	食塩	0.3	
	17064	白こしょう	0.02	
	17057	からし・粉	0.1	
牛乳	13003	牛乳	206	

料理名	エネルギー	たんぱく質	脂質	塩分	カルシウム	マグネシウム	鉄	亜鉛	ビタミン				食物繊維
	kcal	g	g	g	mg	mg	mg	mg	Aμg RE	B1 mg	B2 mg	C mg	g
ご飯	286	4.9	0.8	0	5	19	0.6	1.1	0	0.37	0.03	0	0.7
汁	70	6.2	2.4	1.1	55	30	0.9	0.8	76	0.16	0.12	1	2.5
コロッケ	173	6.5	8.1	0.6	80	18	0.8	0.5	33	0.07	0.09	23	1.4
サラダ	54	2.9	2.7	0.5	56	12	1.0	0.2	70	0.04	0.05	21	1.3
牛乳	138	6.8	7.8	0.2	227	21	0	0.8	78	0.08	0.31	2	0
合計	721	27.3	21.8	2.4	423	100	3.3	3.4	257	0.72	0.60	47	5.9

メッセージ

今日の副菜は小松菜をたっぷり使ったサラダです。小松菜は晩秋から3月ごろの寒い時期に栽培されている野菜で、緑の野菜の少ない冬のビタミン供給源として大切な役割を持っています。
東京の小松川周辺で最初に栽培されたため、小松菜という名前がついたといわれています。
ほかの緑の野菜よりカルシウム、鉄分などが多く含まれているんですよ。

コッペパン　ジャム　切り干し大根のポトフ　黄金たまご　**ほうれん草としめじのサラダ**　梨　牛乳

献立名	食品番号	材料	分量（g）	作り方
コッペパン		コッペパン	93	
ジャム	7154	りんごジャム	15	
切り干し大根のポトフ	11186	ウインナー・乱切り	15	① 切り干し大根は洗って、もどす。
	2017	じゃがいも	35	② 切り干し大根は短く切り、にんじんは乱切りに、じゃがいもは一口大に切る。
	6212	にんじん	10	③ チンゲン菜はざく切りにする。
	6160	チンゲン菜	10	④ チキンブイヨンでスープを作り、②を加えて煮る。
	6136	切り干し大根	5	⑤ ウインナーを加える。
	17026	チキンブイヨン	4	⑥ 塩とこしょうを加えて、味つけする。
	17012	食塩	0.4	⑦ ③を加える。
	17064	白こしょう	0.03	
		水	140	
黄金たまご	12004	鶏卵	40	① 卵はゆでて、殻をむく。
	2034	でんぷん	2	② ①にでんぷんをつけて、油で揚げる。
	14011	揚げ油	2.5	③ 落花生をから煎りする。
	3007	ざらめ糖	3	④ 調味料を加熱し、タレを作る。
	17007	濃口しょうゆ	3	⑤ ③④で②をからめる。
	5035	落花生・粉	8.5	＊ 刻み落花生でもよい
ほうれん草としめじのサラダ	10260	ツナフレーク	5	① ほうれん草、キャベツはざく切りにする。
	6267	ほうれん草	35	② ①をゆでて、冷却する。
	6061	キャベツ	15	③ しめじは小房分けにし、ゆでて冷却する。
	8016	しめじ	10	④ ③に調味料を加えて、下味をつける。
	16010	白ワイン	0.8	⑤ あえる。
	7156	レモン果汁	0.8	
	17012	食塩	0.08	
	17008	薄口しょうゆ	2	
	17016	酢	1.5	
梨	7088	梨（幸水）	50	① 1/4 に切り分ける。
牛乳	13003	牛乳	206	

料理名	エネルギー	たんぱく質	脂質	塩分	カルシウム	マグネシウム	鉄	亜鉛	ビタミン				食物繊維
	kcal	g	g	g	mg	mg	mg	mg	A μgRE	B_1 mg	B_2 mg	C mg	g
パン	278	9.1	3.6	1.3	42	27	0.8	0.1	0	0.14	0.10	0	2.0
ジャム	32	0	0	0	1	0	0	0	0	0	0	0	0.1
ポトフ	94	3.2	4.3	0.7	42	21	0.8	0.4	93	0.10	0.05	16	1.9
卵	154	7.4	10.8	0.6	25	23	0.9	0.8	60	0.04	0.19	0	0.6
サラダ	19	2.2	0.2	0.4	23	29	0.7	0.3	125	0.07	0.09	19	1.7
くだもの	22	0.2	0.1	0	1	3	0	0.1	0	0.01	0	2	0.5
牛乳	138	6.8	7.8	0.2	227	21	0	0.8	78	0.08	0.31	2	0
合計	737	28.9	26.8	3.2	361	124	3.2	2.5	356	0.44	0.74	39	6.8

メッセージ

切り干し大根は大根を細く切って天日に干したものです。これは野菜の少ない冬のための保存食として作られたのが始まりです。昔の人の知恵が生んだ食材ですね。

大根は干すことによって、甘みと風味が加わり栄養価も高くなります。特にカルシウムや鉄分、食物繊維やビタミンなど、普段不足しがちな栄養素をたっぷり含んでいます。

今日はポトフにしてみましたが、切り干し大根の甘みが出て、とってもおいしいと思いますよ。

中学校

ビビンバ　**切り干し大根のスープ**　シャキシャキポテトサラダ　カルピスゼリー　牛乳

献立名	食品番号	材料	分量（g）	作り方
ビビンバ	1083	精白米	100	
		強化米	0.3	
	1007	米粒麦	5	
	11115	豚かた肉・せん切り	20	① ぜんまいは3cmカット、たけのこはせん切りに、ほうれん草はざく切りにする。 ② ごまはから煎りする。 ③ 豚肉に下味をつける。 ④ ③と白菜キムチを炒め煮にする。 ⑤ 白いりごまを加える。 ⑥ 別の鍋でぜんまいとたけのこに調味料を加えて、水分がなくなるまで煮る。 ⑦ ほうれん草ともやしは、ゆでて冷却する。 ⑧ 錦糸卵は蒸して、冷却する。 ⑨ 黒すりごまと⑦⑧を調味料であえる。
	16001	酒	2	
	3004	三温糖	1	
	17007	濃口しょうゆ	2	
	6236	白菜キムチ・短冊切り	12	
	5018	白いりごま	2	
	6121	ぜんまい（水煮）	10	
	6151	たけのこ（水煮）	15	
	3004	三温糖	1	
	16001	酒	1	
	17008	薄口しょうゆ	3.5	
	6267	ほうれん草	13	
	6289	もやし	15	
		錦糸卵	15	
	5018	黒すりごま	1.8	
	14002	ごま油	0.7	
	17007	濃口しょうゆ	1	
切り干し大根のスープ	6136	切り干し大根	3.6	① 切り干し大根は洗って、もどす。 ② 切り干し大根は短く切り、にんじんはせん切りに、たまねぎはスライス、しめじとまいたけは小房分けに、えのきたけは1/2にカットする。 ③ ①②を煮る。 ④ アサリを加える。 ⑤ 調味料を加えて、味つけする。
	6212	にんじん	6	
	6153	たまねぎ	12	
	8016	しめじ	6	
	8001	えのきたけ	6	
	8028	まいたけ	6	
	10283	アサリ（水煮）	5	
	17027	コンソメ	2.4	
	17012	食塩	0.36	
	17064	白こしょう	0.02	
		水	150	
シャキシャキポテトサラダ	2017	じゃがいも	35	① じゃがいもは厚いせん切りにし、シャキシャキ感が残るようにゆでて冷却する。 ② きゅうりはせん切りに、ほうれん草はざく切りにする。 ③ ②をゆでて、冷却する。 ④ カニフレークは蒸して、冷却する。 ⑤ 調味料を合わせる。 ⑥ あえる。
	6065	きゅうり	12	
	6267	ほうれん草	10	
	10379	カニフレーク	10	
	14004	サフラワー油	2	
	17016	酢	3.5	
	17012	食塩	0.2	
	17064	白こしょう	0.03	
カルピスゼリー	9028	アガー	1.8	① アガーと砂糖を混ぜ合わせる。 ② ①に水と半量の牛乳を加えて沸騰させ、煮溶かす。 ③ 火を消して、残りの牛乳を加えてあら熱をとり、カルピスと生クリームを加える。 ⑤ ゼリーカップに流して、冷却する。
	3003	上白糖	6	
		水	40	
	13003	牛乳	35	
	13029	カルピス	8.5	
	13014	生クリーム	5	
牛乳	13003	牛乳	206	

料理名	エネルギー	たんぱく質	脂質	塩分	カルシウム	マグネシウム	鉄	亜鉛	ビタミン				食物繊維
	kcal	g	g	g	mg	mg	mg	mg	A μg RE	B_1 mg	B_2 mg	C mg	g
ビビンバ	500	4.3	8.2	1.3	60	60	2.0	2.6	51	0.67	0.23	10	3.0
スープ	31	2.1	0.2	1.5	30	13	2.4	0.3	46	0.05	0.08	1	1.7
サラダ	61	2.1	2.1	0.5	12	17	0.3	0.2	38	0.04	0.03	18	0.9
ゼリー	89	1.4	3.6	0.1	58	6	0.1	0.1	33	0.01	0.06	0	1.3
牛乳	138	6.8	7.8	0.2	227	21	0	0.8	78	0.08	0.31	2	0
合計	819	16.7	21.9	3.6	387	117	4.8	4.0	246	0.85	0.71	31	6.9

メッセージ

切り干し大根は大根を干して作ります。干すことによって長期保存ができるようになります。また、大根の栄養がギュッと濃縮され、食物繊維とカルシウムが特に多くとれるようになります。切り干し大根というと「煮物」を思い浮かべる人が多いと思いますが、サラダやスープ、ハリハリ漬けにしてもおいしくいただけます。イメージにとらわれずに、いろいろな味に挑戦していきたいですね。

麦ご飯　**みそ汁**　豚肉のピーナッツがらめ　切り干し大根のあえ物　りんご　牛乳

献立名	食品番号	材料	分量（g）	作り方
麦ご飯	1083	精白米	76	
	1006	押麦	4	
		強化米	0.24	
みそ汁	6048	かぼちゃ	30	
	6086	小松菜	10	
	4040	油揚げ	5	
	17046	赤みそ	10	
	17023	煮干し（だし用）	2	
		水	160	
豚肉のピーナッツがらめ	11155	豚もも肉・角切り	30	① 豚肉の角切りに、しょうが汁、しょうゆ（0.5g）、酒で下味をつける。
	6212	にんじん	5	② 刻み落花生はオーブンで加熱する。
	6149	たけのこ	10	③ たけのこ、にんじん、ピーマンは乱切りに、たまねぎはくし形に切る。
	6245	ピーマン	5	④ ①の豚肉をから揚げにする。
	5034	落花生・刻み	6	⑤ ピーマンは、ゆでる。
	6153	たまねぎ	40	⑥ 野菜を炒め、調味料で味をととのえ、豚肉を加え、ピーマンと落花生を最後に加える。
	6103	しょうが	0.5	
	17007	濃口しょうゆ	4	
	16001	酒	2	
	3004	三温糖	1.5	
	2034	でんぷん	5	
	14003	揚げ油	3	
切り干し大根のあえ物	6136	切り干し大根	10	① 切り干し大根は水でもどし、さっとゆでる。
	17008	薄口しょうゆ	4	② ①をしょうゆと三温糖と酢に漬けておく。
	3004	三温糖	2	③ きゅうりとにんじんはせん切りにし、ゆでて冷ます。
	17015	酢	1	④ ②と③、いりごまをあえ、塩とごま油で味をととのえる。
	6065	きゅうり	5	
	6212	にんじん	5	
	14002	ごま油	1	
	17012	食塩	0.8	
	5018	いりごま	1	
りんご	7148	りんご	40	① 1/4 に切り分ける。
牛乳	13003	牛乳	206	

料理名	エネルギー	たんぱく質	脂質	塩分	カルシウム	マグネシウム	鉄	亜鉛	ビタミン				食物繊維
	kcal	g	g	g	mg	mg	mg	mg	A μg RE	B_1 mg	B_2 mg	C mg	g
ご飯	285	4.8	0.8	0	5	18	0.6	1.1	0	0.08	0.02	0	0.8
みそ汁	66	3.0	2.4	1.3	50	24	1.1	0.3	125	0.03	0.05	17	1.8
豚肉	165	8.7	9.1	0.6	17	26	0.4	0.9	41	0.35	0.09	8	1.5
あえ物	54	1.0	1.5	1.4	68	23	1.0	0.3	39	0.03	0.02	1	2.3
くだもの	22	0.1	0	0	1	1	0	0	1	0.01	0	2	0.6
牛乳	138	6.8	7.8	0.2	227	21	0	0.8	78	0.08	0.31	2	0
合計	730	24.4	21.6	3.5	368	113	3.1	3.4	284	0.58	0.49	30	7.0

メッセージ

小松菜は野菜の中で、鉄分を特にたくさん含んでいます。四季を通して出回っています。いろいろなお料理がありますが、今日はみそ汁に入れてみました。小松菜の青い色がおいしさをそそります。

大根葉のバターライス　野菜スープ　サケのハーブ焼き　変わりドレッシングサラダ　牛乳

献立名	食品番号	材料	分量（g）	作り方
大根葉のバターライス	1083	精白米	70	① 炊飯する。 ② 炒り卵を作る。 ③ 大根はせん切りにする。 ④ 大根葉はみじん切りにし、塩でもむ。 ⑤ ごまはから煎りする。 ⑥ バターで③④とシラス干しを炒める。 ⑦ 調味料を加えて、味つけする。 ⑧ ①に②⑤⑦を混ぜ合わせる。
		強化米	0.24	
	14003	炒め油	1	
	12004	鶏卵	15	
	14018	無塩バター(炒め用)	1.5	
	6130	大根葉	20	
	6132	大根	15	
	10055	シラス干し	5	
	17008	薄口しょうゆ	4	
	17012	食塩	0.4	
	5018	白いりごま	1	
野菜スープ	14003	炒め油	1	① たまねぎはスライス、にんじんはいちょう切りに、白菜はざく切りに、ベーコンは短冊切りに、ほうれん草はざく切りにし、下ゆでする。 ② 油でたまねぎをじっくり弱火で炒める。 ③ しんなりして色がついてきたら、白ワインと小麦粉を加えて、軽く炒める。 ④ ベーコン、にんじん、白菜を加えて、炒める。 ⑤ 調味料を加えて味つけし、煮る。 ⑥ ほうれん草を加える。
	6153	たまねぎ	40	
	16010	白ワイン	2	
	1015	薄力粉	1	
	11185	ベーコン	10	
	6212	にんじん	10	
	6233	白菜	20	
	17027	コンソメ	2	
	17012	食塩	0.2	
	17064	白こしょう	0.02	
	6267	ほうれん草	10	
		水	140	
サケのハーブ焼き	10134	サケ・切り身	50	① にんにくはすりおろし、パセリはみじん切りにする。 ② サケに下味をつける。 ③ パン粉と①とバジルを混ぜ合わせる。 ④ ②に③をつける。 ⑤ ホテルパンに並べ、上からオリーブ油をかける。 ⑥ ⑤を焼く。
	17012	食塩	0.1	
	17064	白こしょう	0.01	
	16010	白ワイン	2	
	1079	パン粉	2	
	17077	バジル（乾）	0.02	
	6223	にんにく	0.2	
	6239	パセリ	0.4	
	14001	オリーブ油（焼き用）	1	
変わりドレッシングサラダ	6263	ブロッコリー	30	① ブロッコリーは小房分けに、にんじんは短冊切りに、小松菜はざく切りにする。 ② たまねぎ、しょうがはすりおろす。 ③ ①をゆでて、冷却する。 ④ ②に調味料を加えて加熱し、冷却する。 ⑤ あえる。
	6212	にんじん	10	
	6086	小松菜	15	
	6153	たまねぎ	0.7	
	6103	しょうが	0.1	
	3003	上白糖	1.5	
	17008	薄口しょうゆ	2	
	7156	レモン果汁	2	
	14003	米ぬか油	2	
牛乳	13003	牛乳	206	

料理名	エネルギー	たんぱく質	脂質	塩分	カルシウム	マグネシウム	鉄	亜鉛	ビタミン				食物繊維
	kcal	g	g	g	mg	mg	mg	mg	A μgRE	B_1 mg	B_2 mg	C mg	g
ライス	312	8.2	4.9	1.4	73	34	1.4	1.5	76	0.39	0.11	12	1.2
スープ	62	2.8	2.3	1.3	27	16	0.5	0.4	113	0.10	0.06	15	1.5
ハーブ焼	84	11.5	3.2	0.2	10	15	0.3	0.3	9	0.08	0.11	1	0.1
サラダ	42	1.7	2.2	0.3	40	12	0.7	0.2	135	0.06	0.08	43	0.6
牛乳	138	6.8	7.8	0.2	227	21	0	0.8	78	0.08	0.31	2	0
合計	638	31.0	20.4	3.4	377	98	2.9	3.2	411	0.71	0.67	73	3.4

メッセージ

大根の葉っぱが入っているので、鉄分がたっぷり含まれているご飯になりました。大根の葉っぱはよく捨ててしまいますが、たくさんの栄養が含まれています。葉っぱを一緒に使うと彩りもよくなり、鉄分がしっかりとれます。

大根の葉とシラス干しは相性がいいので、洋風の料理にしてもおいしいですね。大根の葉のシャキシャキとした食感を味わいましょう。

中学校

麦ご飯　大根のそぼろ汁　サケのホイル焼き　**大根葉とじゃこの炒め物**　キウイフルーツ　牛乳

献立名	食品番号	材料	分量（g）	作り方
麦ご飯	1083	精白米	100	
		強化米	0.3	
	1007	米粒麦	5	
大根のそぼろ汁	17019	カツオ節（だし用）	0.4	① カツオ節でだしをとる。
	14004	炒め油	0.5	② 大根とにんじんは短冊切りに、小松菜はざく切りにする。
	11230	鶏ひき肉	15	③ 突きこんにゃくは下ゆでする。
	6132	大根	40	④ 油で鶏ひき肉を炒める。
	6212	にんじん	20	⑤ ④に①③と根菜を加えて、煮る。
	6086	小松菜	15	⑥ 調味料を加えて、味つけする。
	2003	突きこんにゃく	20	⑦ 水溶きでんぷんでとろみをつける。
	17008	薄口しょうゆ	7	⑧ 小松菜を加える。
	16025	みりん	1	
	17012	食塩	0.1	
	2034	でんぷん	1.5	
		水	100	
サケのホイル焼き	10130	サケ・切り身	60	① サケに下味をつける。
	17012	食塩	0.3	② たまねぎはスライス、しめじは小房分けにする。
	17065	こしょう	0.1	③ ②をマヨネーズと混ぜ合わせる。
	16003	酒	3	④ アルミホイルに①をのせ、その上に③をのせて、ホイルで包む。
	6153	たまねぎ	25	⑤ ④を焼く。
	8016	しめじ	15	
	17042	マヨネーズ	10	
		アルミホイル		
大根葉とじゃこの炒め物	14002	ごま油（炒め用）	1	① 大根葉は5㎝に切って、下ゆでする。
	6130	大根葉	40	② ごま油で材料を炒める。
	6289	もやし	20	③ 塩・こしょうを加えて、味つけする。
	10055	シラス干し	15	④ 最後に香りづけに、しょうゆを回し入れる。
	6177	ホールコーン（冷）	15	
	17012	食塩	0.3	
	17065	こしょう	0.05	
	17007	濃口しょうゆ	1	
キウイフルーツ	7054	キウイフルーツ	50	① 1/2 に切り分ける。
牛乳	13003	牛乳	206	

料理名	エネルギー	たんぱく質	脂質	塩分	カルシウム	マグネシウム	鉄	亜鉛	ビタミン				食物繊維
	kcal	g	g	g	mg	mg	mg	mg	AμgRE	B_1 mg	B_2 mg	C mg	g
ご飯	374	6.5	1.0	0	6	24	0.9	1.5	0	0.45	0.04	0	0.9
汁	59	4.3	1.7	1.2	55	16	0.9	0.2	197	0.05	0.07	12	1.8
サケ	206	12.6	15.2	0.6	13	18	0.5	0.6	24	0.11	0.17	3	0.9
炒め物	55	5.3	1.4	1.0	140	29	1.5	0.6	154	0.09	0.08	24	2.3
くだもの	27	0.5	0.1	0	17	7	0.2	0.1	3	0.01	0.01	35	1.3
牛乳	138	6.8	7.8	0.2	227	21	0	0.8	78	0.08	0.31	2	0
合計	859	36.0	27.2	3.0	458	115	4.0	3.8	456	0.79	0.68	76	7.2

メッセージ

大根を丸ごと使えたらと思い、献立をたてました。大根は一年中出回っていますが、秋から冬にかけて一番おいしい時期になります。大根を丸ごと使うため、根の部分はそぼろ汁に使い、葉っぱの部分は炒め物に使いました。大根の葉っぱは捨ててしまうことが多いですが、実は根よりも葉っぱの方がビタミンやカルシウム、鉄などの栄養をたくさん含んでいます。

ホイル焼きのサケも一年中出回っている魚ですが、秋が旬です。秋のサケは産卵前で脂がのっているからです。

最近は、スーパーにいけば一年中どんな食材も手に入りますが、食べ物には旬といっておいしい時期があるんですよ。

麦ご飯　小松菜のみそ汁　**豆腐ハンバーグ**　ワカメとツナのサラダ　牛乳

献立名	食品番号	材料	分量（g）	作り方
麦ご飯	1083	精白米	76	
		強化米	0.24	
	1007	米粒麦	4	
小松菜のみそ汁	17023	煮干し（だし用）	2.5	① 煮干しでだしをとる。
	6086	小松菜	15	② しいたけは洗って、もどす。
	6212	にんじん	5	③ にんじんは短冊切りに、しいたけはせん切りにする。
	4040	油揚げ	5	
	8013	しいたけ（乾）	1	④ 小松菜はざく切りし、下ゆでする。
	17045	白みそ	10	⑤ 油揚げは短冊切りにし、油抜きする。
		水	180	⑥ ①に③⑤を加えて、煮る。
				⑦ みそを加えて、味つけする。
				⑧ ④を加える。
豆腐ハンバーグ	14004	炒め油	0.5	① ヒジキは洗って、もどす。
	9031	芽ヒジキ（乾）	1	② たまねぎはみじん切りにする。
	6153	たまねぎ	20	③ 油で①②を炒める。
	11163	豚ひき肉	25	④ ③にすべての材料を加えて、混ぜ合わせる。
	4032	絞り豆腐	25	
	12004	鶏卵	8	⑤ ④を小判形に丸めて、焼く。
	13003	牛乳	3	⑥ 調味料を加熱して、ソースを作る。
	1079	パン粉	8	⑦ ⑤に⑥をかける。
	17012	食塩	0.2	
	17064	白こしょう	0.02	
	17002	中濃ソース	7	
	17036	ケチャップ	4	
	3004	三温糖	1	
ワカメとツナのサラダ	9040	ワカメ（乾）	2	① 大根はせん切りにする。ほうれん草はざく切りにする。
	10263	ツナフレーク	5	
	6132	大根	40	② ①とワカメをゆでて、冷却する。
	6267	ほうれん草	15	③ ごまはから煎りする。
	5018	白いりごま	1	④ 調味料を合わせる。
	17007	濃口しょうゆ	2	⑤ あえる。
	17015	酢	1.3	
	16001	酒	1.3	
牛乳	13003	牛乳	206	

料理名	エネルギー	たんぱく質	脂質	塩分	カルシウム	マグネシウム	鉄	亜鉛	ビタミン				食物繊維
	kcal	g	g	g	mg	mg	mg	mg	A μgRE	B_1 mg	B_2 mg	C mg	g
ご飯	286	4.9	0.8	0	5	19	0.6	1.1	0	0.37	0.03	0	0.7
みそ汁	44	2.6	2.3	1.3	52	18	1.0	0.2	77	0.02	0.04	6	1.4
ハンバーグ	148	9.2	6.8	0.9	65	27	1.4	1.0	21	0.20	0.11	3	1.3
サラダ	32	2.3	1.4	0.3	46	41	0.7	0.3	66	0.04	0.05	11	1.8
牛乳	138	6.8	7.8	0.2	227	21	0	0.8	78	0.08	0.31	2	0
合計	648	25.8	19.1	2.7	395	126	3.7	3.4	242	0.71	0.54	22	5.2

メッセージ

今日は苦手な人も多い「ヒジキ」と「豆腐」をみなさんが大好きなハンバーグに変身させました。ソースもかけてあるのでおいしさアップです。ヒジキがハンバーグに入っているので、鉄分が多く摂取できますね。

そぼろ丼　**モズクのスープ**　揚げ大豆のサラダ　いちご　牛乳

献立名	食品番号	材料	分量（g）	作り方
そぼろ丼	1083	精白米	75	
	1007	米粒麦	5	
	11230	鶏ひき肉	20	① 切り干し大根を洗って、もどす。
	6103	しょうが	0.4	② しょうがと切り干し大根をみじん切りにする。
	6136	切り干し大根	5	
	17007	濃口しょうゆ	2.5	③ 鶏ひき肉に②と調味料を加えて、炒りながら鶏そぼろを作る。
	3004	三温糖	1	
	16025	みりん	1.5	④ 炒り卵を作る。
	14003	炒め油	0.8	⑤ グリンピースをゆでて、冷却する。
	12004	鶏卵	15	⑥ ③～⑤を混ぜ合わせる。
	3003	上白糖	0.4	
	17012	食塩	0.1	
	6025	グリンピース（冷）	6	
モズクのスープ	17019	カツオ節（だし用）	2	① カツオ節と昆布でだしをとる。
	17020	昆布（だし用）	0.25	② モズクは解凍して短く切り、にんじんはせん切りに、豆腐は角切りに、わけぎは小口切りにする。
	6212	にんじん	10	
	9037	モズク（冷）	30	
	4032	木綿豆腐	30	③ ①ににんじんを加えて、煮る。
	6320	わけぎ	7	④ 豆腐、モズクを加える。
	17008	薄口しょうゆ	5	⑤ 調味料を加えて、味つけする。
	16025	みりん	1	⑥ わけぎを加える。
	16001	酒	1	
		水	134	
揚げ大豆のサラダ	4023	大豆（乾）	15	① 大豆は事前に洗って、もどしておく。
	2034	でんぷん	3	② ①にでんぷんをつけて、油で揚げる。
	14003	揚げ油	3	③ ちくわは半月切りにし、蒸して冷却する。
	10381	ちくわ	15	④ たまねぎはスライス、パセリはみじん切りにする。
	6153	たまねぎ	20	
	6239	パセリ	0.5	⑤ ④をゆでて、冷却する。
	3003	上白糖	1	⑥ 調味料を合わせる。
	17016	酢	0.7	⑦ あえる。
	17007	濃口しょうゆ	1.5	
	17061	カレー粉	0.1	
いちご	7012	いちご（2個）	30	
牛乳	13003	牛乳	206	

料理名	エネルギー	たんぱく質	脂質	塩分	カルシウム	マグネシウム	鉄	亜鉛	ビタミン				食物繊維
	kcal	g	g	g	mg	mg	mg	mg	A μgRE	B_1 mg	B_2 mg	C mg	g
そぼろ丼	379	11.8	4.8	0.6	45	38	1.8	1.7	34	0.14	0.14	1	2.2
スープ	36	2.6	1.4	1.0	53	22	0.5	0.2	96	0.03	0.06	3	1.3
サラダ	131	7.4	6.2	0.6	44	38	1.6	0.5	3	0.14	0.06	3	2.9
くだもの	10	0.3	0	0	5	4	0.1	0.1	0	0.01	0.01	19	0.4
牛乳	138	6.8	7.8	0.2	227	21	0	0.8	78	0.08	0.31	2	0
合計	694	28.9	20.2	2.4	374	123	4.0	3.3	211	0.40	0.58	28	6.8

メッセージ

　みなさんは、モズクを知っていますか？　モズクはワカメやヒジキと同じ海藻の仲間で太モズクと糸モズクがあります。出回っているモズクのほとんどが太モズクで、沖縄県で養殖されたものです。

　海藻特有のぬるぬる感があり、酢の物にして食べることが多いですが、今日はスープにしてみました。あまり煮てしまうと色が悪くなるので、気をつけて仕上げてあります。ぬるぬるの食感を楽しみながらいただきましょう。

麦ご飯　ゆうがおの夏野菜汁　サワラの梅みそ焼き　**ヒジキと野菜のあえ物**　牛乳

献立名	食品番号	材料	分量（g）	作り方
麦ご飯	1083	精白米	76	
		強化米	0.24	
	1007	米粒麦	4	
ゆうがおの夏野菜汁	17019	カツオ節（だし用）	2	① カツオ節でだしをとる。
	6173	ゆうがお	25	② ゆうがお、じゃがいも、かぼちゃはいちょう切りに、たまねぎはくし形切りにする。
	2017	じゃがいも	20	
	6048	かぼちゃ	15	③ 油揚げは短冊切りにし、油抜きする。
	6153	たまねぎ	10	④ ①に②を加えて、煮る。
	4040	油揚げ	5	⑤ ③を加える。
	17007	濃口しょうゆ	5	⑥ 調味料を加えて、味つけする。
	16001	酒	1	⑦ 水溶きでんぷんでとろみをつける。
	2034	でんぷん	1	
		水	130	
サワラの梅みそ焼き	10171	サワラ・切り身	50	① 青じそはみじん切りにする。
	17012	食塩	0.25	② サワラに下味をつける。
	16025	みりん	1	③ 調味料と練り梅、①を合わせる。
	7024	練り梅	2	④ ②に③をぬる。
	17045	白みそ	5	⑤ ④を焼く。
	3003	上白糖	1	
	6095	青じそ	0.3	
ヒジキと野菜のあえ物	9031	芽ヒジキ（乾）	1.5	① ヒジキを洗って、もどす。
	17007	濃口しょうゆ	1.2	② ①を調味料で煮含め、冷却する。
	3003	上白糖	0.6	③ キャベツは短冊切りに、にんじんはせん切りに、小松菜はざく切りにする。
	6061	キャベツ	15	
	6212	にんじん	5	④ ③とコーンをゆでて、冷却する。
	6086	小松菜	25	⑤ カニフレークは蒸して、冷却する。
	6177	ホールコーン（冷）	10	⑥ 調味料を合わせる。
	10376	カニフレーク	10	⑦ あえる。
	17007	濃口しょうゆ	2.5	
	3003	上白糖	0.5	
牛乳	13003	牛乳	206	

料理名	エネルギー	たんぱく質	脂質	塩分	カルシウム	マグネシウム	鉄	亜鉛	ビタミン				食物繊維
	kcal	g	g	g	mg	mg	mg	mg	A μg RE	B_1 mg	B_2 mg	C mg	g
ご飯	286	4.9	0.8	0	5	19	0.6	1.1	0	0.37	0.03	0	0.7
野菜汁	64	2.1	1.7	0.7	26	21	0.6	0.1	50	0.03	0.03	24	1.4
サワラ	109	10.7	5.2	1.1	13	20	0.8	0.6	9	0.05	0.19	0	0.2
あえ物	38	2.7	0.4	0.9	75	22	1.6	0.2	109	0.05	0.06	17	1.8
牛乳	138	6.8	7.8	0.2	227	21	0	0.8	78	0.08	0.31	2	0
合計	635	27.2	15.9	2.9	346	103	3.6	2.8	246	0.58	0.62	43	4.1

メッセージ

ヒジキには鉄や食物繊維のほかに、カルシウムやマグネシウムなどのミネラルがたくさん含まれていて、動脈硬化の予防や、骨や歯を丈夫にする働きがあります。また、貧血や便秘などにも効果的で、髪の毛をつややかにする美容食でもあると言われています。からだにとてもよい食品なのですね。

麦ご飯　かきたま汁　ちくわのカレー揚げ　**ヒジキの炒め煮**　ソルダム　牛乳

献立名	食品番号	材料	分量（g）	作り方
麦ご飯	1083	精白米	72	
	1007	米粒麦	8	
かきたま汁	17019	カツオ節（だし用）	1.5	① カツオ節と昆布でだしをとる。
	17020	昆布（だし用）	0.5	② しいたけは洗って、もどす。
	6212	にんじん	8	③ にんじんはいちょう切りに、たまねぎとしいたけはスライス、えのきたけは 1/2 カット、糸かまぼこはほぐす。
	6267	ほうれん草	6	
	6153	たまねぎ	24	
	8001	えのきたけ	10	④ ほうれん草はざく切りにし、下ゆでする。
	8013	しいたけ（乾）	0.5	⑤ ①に③を加えて、煮る。
	10379	糸かまぼこ	6	⑥ 調味料を加えて、味つけする。
	12004	鶏卵	20	⑦ 水溶きでんぷんでとろみをつける。
	16025	みりん	1.2	⑧ 溶き卵を流し入れる。
	17012	食塩	0.3	⑨ ④を加える。
	17008	薄口しょうゆ	4	
	2034	でんぷん	0.8	
		水	140	
ちくわの カレー揚げ	10381	ちくわ	33	① ちくわを 1/6 に切る。
	1025	┌ 天ぷら粉	8	② 天ぷら粉にカレー粉を加えて、衣を作る。
	17061	│ カレー粉	0.3	③ ①に②をつけて、油で揚げる。
		└ 水		
	14011	揚げ油	5	
ヒジキの炒め煮	14008	炒め油	1.2	① ヒジキは洗ってもどし、短く切る。
	11224	鶏もも肉・こま切れ	8	② 突きこんにゃく、グリンピースは下ゆでする。
	6212	にんじん	8	
	9031	長ヒジキ（乾）	3.2	③ にんじんはせん切りにする。
	2003	突きこんにゃく	14	④ 油揚げは短冊切りにし、油抜きする。
	4040	油揚げ	3	⑤ 油で鶏肉、③①の順に炒める。
	6025	グリンピース（冷）	2	⑥ ④と突きこんにゃくを加える。
	3004	三温糖	1	⑦ 調味料を加えて、煮る。
	16025	みりん	0.8	⑧ グリンピースを加える。
	17007	濃口しょうゆ	3.5	＊ 夏場は少し汁を多めに仕上げる。
		水	15	
ソルダム	7080	ソルダム	60	
牛乳	13003	牛乳	206	

料理名	エネルギー	たんぱく質	脂質	塩分	カルシウム	マグネシウム	鉄	亜鉛	ビタミン				食物繊維
	kcal	g	g	g	mg	mg	mg	mg	A μgRE	B_1 mg	B_2 mg	C mg	g
ご飯	283	5.0	0.8	0	5	19	0.7	1.1	0	0.08	0.01	0	1.1
汁	63	4.6	2.2	1.4	28	21	0.6	0.4	112	0.07	0.15	4	1.4
ちくわ	115	4.6	5.8	0.7	11	7	0.4	0.1	0	0.03	0.03	0	0.3
炒め煮	50	2.8	2.5	0.6	64	30	2.2	0.4	72	0.03	0.07	0	2.0
くだもの	26	0.4	0.6	0	3	3	0.1	0.1	4	0.01	0.01	2	1.0
牛乳	138	6.8	7.8	0.2	227	21	0	0.8	78	0.08	0.31	2	0
合計	675	24.2	19.7	2.9	338	101	4.0	2.9	266	0.30	0.58	8	5.8

メッセージ

ヒジキは、日本の周りの海で昔からたくさんとれていて、日本では縄文時代から食べられていました。ヒジキは干すと真っ黒になりますが海の中では黄土色をしています。また、ヒジキには、葉の部分を干したものと、茎の部分を干したものがあり、料理によって使い分けるといいですね。今日の給食の煮物には茎の部分を使っています。ヒジキを食べると骨や歯が丈夫になったり、貧血予防にもとってもよいので残さず食べましょう。

麦ご飯　夏野菜のみそ煮　カジキのレモンがらめ　**ヒジキのサラダ**　トマト　牛乳

献立名	食品番号	材料	分量（g）	作り方
麦ご飯	1083	米	75	
		強化米	0.21	
	1007	米粒麦	5	
夏野菜のみそ煮	14005	炒め油	1.8	① 野菜とちくわは乱切りにする。 ② 厚揚げは 1㎝厚さの一口大に切り、油抜きする。 ③ ピーマンは下ゆでする。 ④ 油で豚肉、たまねぎ、なすを炒める。 ⑤ ②とかぼちゃ、ちくわを加えて、煮る。 ⑥ 調味料を加えて、味つけする。 ⑦ ③を加える。
	6048	かぼちゃ	30	
	6153	たまねぎ	25	
	6191	なす	15	
	10381	ちくわ	10	
	11131	豚もも肉・こま切れ	20	
	4039	厚揚げ	5	
	6245	ピーマン	10	
	16001	酒	1.5	
	17045	白みそ	8	
	3004	三温糖	1.8	
カジキの レモンがらめ	10084	マカジキ・角切り	50	① カジキにでんぷんをつけて、油で揚げる。 ② たまねぎはスライスする。 ③ ②と調味料を加熱して、タレを作る。 ④ ①に③をからめる。
	2034	でんぷん	5	
	14003	揚げ油	4	
	6153	たまねぎ	10	
	3003	上白糖	2	
	17007	濃口しょうゆ	1.6	
	16025	みりん	1.7	
	7156	レモン果汁	3	
ヒジキのサラダ	9031	芽ヒジキ（乾）	2	① ヒジキは洗って、もどす。 ② ①を調味料で煮つけて、冷却する。 ③ 大根、にんじんはせん切りに、きゅうりは小口切りにする。 ④ ③をゆでて、冷却する。 ⑤ ごまはから煎りする。 ⑥ 調味料を合わせる。 ⑦ あえる。
	17007	濃口しょうゆ	1.5	
	16025	みりん	0.7	
	3004	三温糖	0.8	
	6132	大根	30	
	6212	にんじん	5	
	6065	きゅうり	20	
	5018	白いりごま	0.8	
	14003	米ぬか油	1.5	
		土佐じょうゆ	2	
	17016	酢	0.8	
	3003	上白糖	0.2	
トマト	6183	トマト	60	
牛乳	13003	牛乳	206	

料理名	エネルギー	たんぱく質	脂質	塩分	カルシウム	マグネシウム	鉄	亜鉛	ビタミン				食物繊維
	kcal	g	g	g	mg	mg	mg	mg	AμgRE	B_1 mg	B_2 mg	C mg	g
ご飯	267	4.6	0.7	0.8	4	17	0.7	1.1	0	0.33	0.02	0	0.8
みそ煮	132	8.2	4.4	1.2	37	30	0.9	0.8	104	0.24	0.10	24	2.4
カジキ	130	11.8	4.9	0.3	6	20	0.3	0.3	4	0.05	0.04	4	0.2
サラダ	40	1.1	1.9	0.4	52	24	1.4	0.1	49	0.03	0.03	7	1.7
トマト	11	0.4	0.1	0	4	5	0.1	0.1	27	0.03	0.01	9	0.6
牛乳	138	6.8	7.8	0.2	227	21	0	0.8	78	0.08	0.31	2	0
合計	718	32.9	19.8	2.9	330	117	3.4	3.2	262	0.76	0.51	46	5.7

メッセージ

今日は今が旬の夏野菜をたっぷり使って、おいしくみそで味つけしました。暑い夏の日差しをいっぱい浴びて元気に育った野菜たちです。その夏野菜をモリモリ食べて、野菜から元気の素をもらいましょう。

中学校

麦ご飯　鉄火汁　**手作りさつま揚げ**　モロヘイヤときのこのおひたし　牛乳

献立名	食品番号	材料	分量（g）	作り方
麦ご飯	1083	精白米	95	
	1007	米粒麦	10	
鉄火汁	17023	煮干し（だし用）	2	① 煮干しでだしをとる。
	14003	炒め油	1.5	② じゃがいも、にんじん、ゆうがお、なすは厚めのいちょう切りに、たまねぎはくし形切りにする。
	11115	豚かた肉・こま切れ	10	③ モロッコいんげんは斜め小口切りにし、下ゆでする。
	2017	じゃがいも	20	④ 油で豚肉と根菜を炒める。
	6212	にんじん	5	⑤ ①を加えて煮る。
	6010	モロッコいんげん	5	⑥ ゆうがおとなすを加える。
	6153	たまねぎ	30	⑦ 調味料を加えて、味つけする。
	6173	ゆうがお	25	⑧ ③を加える。
	6191	なす	25	
	3004	三温糖	0.2	
	17045	白みそ	12	
	16001	酒	3	
		水	80	
手作りさつま揚げ	10328	むきエビ	30	① ヒジキは洗って、もどす。
	10200	タラ・すり身	65	② にんじんはせん切りにする。
	12004	鶏卵	4	③ すべての材料を混ぜ合わせて、よく練る。
	6212	にんじん	5	④ ひとり2個ずつになるように分け、小判型に丸める。
	6017	むきえだまめ（冷）	6	⑤ 油で揚げる。
	9031	芽ヒジキ（乾）	1.5	
	1015	薄力粉	5	
	13038	粉チーズ	1.5	
	14003	揚げ油	6	
モロヘイヤときのこのおひたし	6293	モロヘイヤ	30	① モロヘイヤはざく切りに、えのきたけは1/2に切る。
	8001	えのきたけ	20	② ①となめこをゆでて、冷却する。
	8020	なめこ	10	③ あえる。
	17007	濃口しょうゆ	3	
牛乳	13003	牛乳	206	

料理名	エネルギー	たんぱく質	脂質	塩分	カルシウム	マグネシウム	鉄	亜鉛	ビタミン				食物繊維
	kcal	g	g	g	mg	mg	mg	mg	A μgRE	B_1 mg	B_2 mg	C mg	g
ご飯	372	6.5	1.1	0	7	25	0.9	1.4	0	0.10	0.03	0	1.4
鉄火汁	104	4.7	3.9	1.7	37	29	1.0	0.6	43	0.13	0.06	20	2.5
さつま揚	189	19.6	7.7	0.6	72	40	1.5	0.8	57	0.07	0.11	3	1.2
おひたし	19	2.3	0.2	0.6	79	20	0.7	0.4	252	0.11	0.18	20	2.9
牛乳	138	6.8	7.8	0.2	227	21	0	0.8	78	0.08	0.31	2	0
合計	822	39.9	20.7	3.1	422	135	4.1	4.0	430	0.49	0.69	45	8.0

メッセージ

今日の献立はえだまめ、じゃがいも、たまねぎ、ゆうがお、なす、モロッコいんげん、モロヘイヤなど夏にとれる野菜をふんだんに使った献立です。昔、江戸でバクチをする所を「鉄火場」と言いました。そこにいる人たちはとても威勢がよく、この人たちのことを「鉄火肌」と呼んでいたそうです。お鍋に油をひいて野菜を炒めると「ジャーッ!」と音がして勢いがいいことから、「鉄火汁」という名前がついたそうです。

手作りさつま揚げはチーズだけの薄味ですが、それぞれの素材の味やむきエビ、えだまめなどの歯ごたえがとてもよく、ご飯に合うおかずです。ヒジキやにんじん、えだまめと一緒に入れると、彩りもよいですね。

中学校

冷やし中華そば　**岩石揚げ**　ゆでもろこし　牛乳

献立名	食品番号	材料	分量（g）	作り方
冷やし中華そば	1048	中華めん	220	① きゅうりは 1/2 斜めスライスにし、にんじんはせん切りにする。
	11176	ロースハム	25	② 炒り卵を作る。
	12004	液卵	20	③ 野菜をボイルする。
	14003	米ぬか油	1	④ 蒸しかまぼこはボイルし、ロースハムは蒸す。
	6291	りょくとうもやし	20	⑤ ②③④を冷やした後、材料をあえる。
	6065	きゅうり	25	⑥ カツオ節でだしをとり調味料を入れかけつゆを作る。
	10379	蒸しかまぼこ	20	
	6212	にんじん	5	
	17007	濃口しょうゆ	10	
	17016	米酢	9	
	5018	いりごま	1.5	
	3004	三温糖	3	
	17012	食塩	1	
	10092	カツオ加工品（削り節）	2	
		水	100	
岩石揚げ	4023	大豆（国産・乾）	4	① 大豆、ヒジキをもどしておく。
	10186	シラス干し	2.5	② さつまいもはサイコロ切りにしておく。
	9031	ヒジキ（乾）	2.5	③ すべての材料を合わせる。
	2006	さつまいも	13	④ 手の平で形作り揚げる。
	12004	液卵	5	
	1015	薄力粉	10	
	3004	三温糖	3	
	17007	濃口しょうゆ	0.8	
	14003	揚げ油	5	
ゆでもろこし	6175	とうもろこし	50	① 沸騰した湯に、塩を入れゆでる。
	17012	食塩	0.2	
牛乳	13003	牛乳	206	

料理名	エネルギー	たんぱく質	脂質	塩分	カルシウム	マグネシウム	鉄	亜鉛	ビタミン				食物繊維
	kcal	g	g	g	mg	mg	mg	mg	Aμg RE	B1 mg	B2 mg	C mg	g
冷し中華	482	23.0	9.0	3.7	94	47	1.7	1.5	28	0.23	0.19	9	3.2
岩石揚げ	145	16.9	7.5	0.4	68	34	2.1	0.3	13	0.07	0.06	2	2.4
もろこし	46	1.8	0.9	0.2	2	19	0.4	0.5	0	0.08	0.05	2	1.5
牛乳	138	6.8	7.8	0.2	227	21	0	0.8	78	0.08	0.31	2	0
合計	811	48.5	25.2	4.5	391	121	4.2	3.1	119	0.46	0.61	15	7.1

メッセージ

大豆、シラス干し、ヒジキ、さつまいもを天ぷら粉でまとめて揚げた岩石揚げは、カルシウム、鉄分、ビタミン類などの栄養がいっぱいの一品です。

混ぜ込みきのこご飯　大根と小松菜のみそ汁　鶏肉のごまがらめ　**ヒジキのサラダ**　牛乳

献立名	食品番号	材料	分量（g）	作り方
混ぜ込みきのこご飯		精白米（米粒麦入り）	70	① 麦を入れてご飯を炊く。 ② しいたけは洗って、もどす。 ③ しいたけとにんじんはせん切りに、ごぼうはささがき、えのきたけとエリンギは2cmカット、しめじは小房分けにする。 ④ 油揚げは短冊切りにし、油抜きする。 ⑤ みつ葉は 2cmに切り、ゆでて冷却する。 ⑥ 油で③を炒める。 ⑦ ④を加える。 ⑧ 調味料を加え味つけして、煮る。 ⑨ ①に⑤と⑧を汁ごと混ぜ合わせる。 ＊ しいたけのもどし汁も使う。
	14011	炒め油	0.5	
	6212	にんじん	8	
	6084	ごぼう	4	
	8001	えのきたけ	8	
	8025	エリンギ	5	
	8016	しめじ	10	
	8013	しいたけ（乾）	1	
	4040	油揚げ	5	
	16001	酒	1	
	16025	みりん	1.5	
	3004	三温糖	0.5	
	17007	濃口しょうゆ	5	
	17012	食塩	0.1	
	6276	みつ葉	2	
大根と小松菜のみそ汁	17019	カツオ節（だし用）	3	① カツオ節でだしをとる。 ② 大根はいちょう切りに、たまねぎはくし形切りに、小松菜はざく切りに、長ねぎは小口切りにする。 ③ ①に大根、たまねぎ、凍り豆腐を加えて煮る。 ④ みそを加えて、味つけする。 ⑤ 小松菜、長ねぎを加える。
	6132	大根	25	
	6086	小松菜	15	
	6153	たまねぎ	15	
	6226	長ねぎ	5	
	4042	凍り豆腐・細切り	3	
	17044	甘みそ	8	
		水	140	
鶏肉のごまがらめ	11227	鶏ささみ・一口大	40	① 鶏肉に下味をつける。 ② ①にでんぷんをつけて、油で揚げる。 ③ 白ごまはから煎りする。 ④ 調味料を加熱し、③を加えてタレを作る。 ⑤ ②に④をからめる。
	16001	酒	1	
	17012	食塩	0.2	
	2034	でんぷん	3	
	14011	揚げ油	5	
	5018	白すりごま	3	
	3003	上白糖	1.5	
	17007	濃口しょうゆ	2.5	
	16001	酒	1	
	16025	みりん	1	
ヒジキのサラダ	9031	芽ヒジキ（乾）	2	① ヒジキは洗って、もどす。 ② ①を調味料で煮て、下味をつける。 ③ にんじんはせん切りに、キャベツは太めのせん切りに、きゅうりは半月切りにする。 ④ ③をゆでて、冷却する。 ⑤ 調味料を合わせる。 ⑥ あえる。
	17007	濃口しょうゆ	1	
	6212	にんじん	3	
	6061	キャベツ	25	
	6065	きゅうり	10	
	10262	ツナフレーク	7	
	13040	サイコロチーズ	8	
	17015	酢	3	
	17007	濃口しょうゆ	2	
	3003	上白糖	0.5	
	17012	食塩	0.3	
	17064	白こしょう	0.02	
	14003	米ぬか油	1	
牛乳	13003	牛乳	206	

料理名	エネルギー	たんぱく質	脂質	塩分	カルシウム	マグネシウム	鉄	亜鉛	ビタミン				食物繊維
	kcal	g	g	g	mg	mg	mg	mg	A μg RE	B_1 mg	B_2 mg	C mg	g
ご飯	294	6.4	3.0	0.8	25	32	0.9	1.2	64	0.09	0.06	0	1.0
みそ汁	45	3.0	1.5	1.0	65	17	1.0	0.4	39	0.02	0.03	11	1.5
鶏肉	128	10.0	6.9	0.6	38	25	0.4	0.4	1	0.05	0.05	1	0.4
サラダ	62	4.0	3.4	1.1	96	24	1.5	0.5	53	0.02	0.06	11	1.6
牛乳	138	6.8	7.8	0.2	227	21	0	0.8	78	0.08	0.31	2	0
合計	667	30.2	22.6	3.7	451	119	3.8	3.3	235	0.26	0.51	25	4.5

メッセージ

今日の給食の献立は、貧血の予防に欠かせない鉄と、腸の働きを助けてくれる食物繊維をたくさん含んだ食材を入れた献立です。秋の味覚、きのこご飯に入っているきのこや、サラダに入っているヒジキは、食物繊維をたくさん含んでいます。きのこご飯は、きのこの香りと食感を味わいながら食べてください。また、鉄の多いものにはヒジキやごま、みそ汁に入っている青菜の小松菜があります。小松菜はほうれん草よりも鉄やカルシウムが多いです。知っていましたか？
いろいろな食材を組み合わせることで、すごいパワーにつながります。好き嫌いなく、おいしくいただきましょう。

ヒジキご飯　ごまみそ鍋　なめたけあえ　梨　牛乳

献立名	食品番号	材料	分量（g）	作り方
ヒジキご飯	1083	精白米	70	① 炊飯する。
	14002	ごま油（炒め用）	1	② ヒジキは洗って、もどす。
	4040	油揚げ	5	③ にんじんはいちょう切りに、ごぼうはささがき、ちくわは半月切りにする。
	10381	ちくわ	8	④ 油揚げは短冊切りにし、油抜きする。
	6212	にんじん	5	⑤ ごま油で②③を炒める。
	6084	ごぼう	6	⑥ ④を加え、調味料で味つけして、煮る。
	9031	芽ヒジキ（乾）	2	⑦ ①に⑥を混ぜ合わせる。
	3004	三温糖	1.5	
	16025	みりん	1	
	17007	濃口しょうゆ	3.2	
ごまみそ鍋	17023	煮干し（だし用）	1.5	① 煮干しでだしをとる。
	4038	焼き豆腐	20	② しいたけは洗って、もどす。
	2005	しらたき	30	③ 焼き豆腐は1㎝厚さの一口大に切り、じゃがいも、にんじんはいちょう切りに、キャベツはざく切りに、長ねぎは斜め小口切りに、しいたけはせん切りにする。
	10134	サケ・角切り	10	④ しらたきは短く切って、下ゆでする。
	2017	じゃがいも	15	⑤ ①にしいたけと根菜を加えて、煮る。
	6212	にんじん	8	⑥ ④と焼き豆腐、サケ、キャベツ、もやしを加える。
	6061	キャベツ	20	⑦ みそを加えて、味つけする。
	6226	長ねぎ	12	⑧ すりごまと長ねぎを加える。
	6291	もやし	15	
	8013	しいたけ（乾）	0.8	
	17045	白みそ	7	
	17046	八丁みそ	3	
	5018	白すりごま	3	
		水	80	
なめたけあえ	6267	ほうれん草	45	① ほうれん草と白菜はざく切りに、きゅうりは小口切りにする。
	6065	きゅうり	10	② ①をゆでて、冷却する。
	6233	白菜	20	③ あえる。
	8003	なめたけ（味つき）	15	
	17007	濃口しょうゆ	0.4	
梨	7088	二十世紀梨	50	① 1/6 に切り分ける。
牛乳	13003	牛乳	206	

料理名	エネルギー	たんぱく質	脂質	塩分	カルシウム	マグネシウム	鉄	亜鉛	ビタミン				食物繊維
	kcal	g	g	g	mg	mg	mg	mg	Aμg RE	B_1 mg	B_2 mg	C mg	g
ご飯	306	6.7	3.5	0.8	53	42	2.1	1.1	43	0.07	0.05	0	1.8
みそ鍋	96	7.0	3.8	1.4	121	41	1.5	0.6	63	0.08	0.08	15	3.4
あえ物	19	1.8	0.2	0.7	36	39	1.1	0.4	163	0.10	0.13	21	2.3
くだもの	22	0.2	0.1	0	1	3	0	0.1	0	0.01	0	2	0.5
牛乳	138	6.8	7.8	0.2	227	21	0	0.8	78	0.08	0.31	2	0
合計	581	22.5	15.4	3.1	438	146	4.7	3.0	347	0.34	0.57	40	8.0

メッセージ

　色の黒いヒジキは海の中で草のように生えている海藻です。海の中では茶色くて、取ってからゆでると真っ黒な色に変わります。ヒジキはそのままでは味があまりありませんが、味つけして食べるととてもおいしくいただけます。からだの調子をととのえる栄養がたっぷり入ったヒジキをご飯と一緒にもりもり食べましょう。

ご飯　にらたま汁　**さつまいもとヒジキの煮物**　浸し豆　柿　牛乳

献立名	食品番号	材料	分量（g）	作り方
ご飯	1083	精白米	80	
		強化米	0.25	
にらたま汁	17019	カツオ節（だし用）	2	① カツオ節でだしをとる。 ② しいたけは洗って、もどす。 ③ たまねぎはスライス、にんじんとたけのこは短冊切りに、しいたけはせん切りにする。 ④ にらは 3cmに切る。 ⑤ ①に③を入れ、調味料を加えて、煮る。 ⑥ 水溶きでんぷんでとろみをつける。 ⑦ 溶き卵を流し入れる。 ⑧ ④を加える。
	6153	たまねぎ	25	
	6207	にら	10	
	6212	にんじん	10	
	8013	しいたけ（乾）	0.5	
	6151	たけのこ（水煮）	10	
	12004	鶏卵	18	
	17012	食塩	0.6	
	16002	酒	2	
	17007	濃口しょうゆ	4	
	2034	でんぷん	1.1	
		水	140	
さつまいもとヒジキの煮物	14003	炒め油	0.5	① ヒジキは洗って、もどす。 ② にんじんはせん切りに、さつまいもは拍子木切りにする。 ③ 油揚げは短冊切りにし、油抜きする。 ④ 突きこんにゃくは下ゆでする。 ⑤ さやえんどうは下ゆでする。 ⑥ 油で①②③④と鶏肉を炒める。 ⑦ 調味料を加え味つけして、煮る。 ⑧ ⑤を加える。
	2006	さつまいも	25	
	6212	にんじん	5	
	9031	芽ヒジキ（乾）	2	
	2003	突きこんにゃく	10	
	4040	油揚げ	3	
	11221	鶏もも肉・こま切れ	8	
	6020	さやえんどう	1.5	
	3004	三温糖	0.6	
	17007	濃口しょうゆ	3	
	16025	みりん	1	
		水	10	
浸し豆		青大豆	10	① 青大豆は事前に洗って、もどしておく。 ② ①をかためにゆでて、冷却する。 ③ 調味料を合わせ、②を浸す。
	17008	薄口しょうゆ	1.5	
	3003	上白糖	0.1	
柿	7050	筆柿	80	
牛乳	13003	牛乳	206	

料理名	エネルギー	たんぱく質	脂質	塩分	カルシウム	マグネシウム	鉄	亜鉛	ビタミン				食物繊維
	kcal	g	g	g	mg	mg	mg	mg	Aμg RE	B1 mg	B2 mg	C mg	g
ご飯	268	4.6	0.7	0	4	17	0.6	1.1	0	0.25	0.02	0	0.4
汁	51	3.2	1.9	1.0	24	8	0.5	0.3	189	0.02	0.08	2	1.4
煮物	77	2.4	2.7	0.3	53	25	1.4	0.3	73	0.03	0.04	4	1.8
浸し豆	43	3.6	1.9	0.2	24	23	0.9	0.3	0	0.06	0.02	0	1.7
くだもの	50	0.4	0.1	0	6	5	0.1	0	40	0.02	0.02	44	2.2
牛乳	138	6.8	7.8	0.2	227	21	0	0.8	78	0.08	0.31	2	0
合計	627	21.0	15.1	1.7	338	99	3.5	2.8	380	0.46	0.49	52	7.5

メッセージ

最近「豆」はなかなか食べられなくなってきてしまいました。今日は、地元の青大豆を使って浸し豆を作りました。鉄も食物繊維もたっぷりです。昔の人はこういう食べ物をよく食べていたので、日本は長寿社会になったと言われています。健康のためにしっかり食べましょう。

さつまいもご飯　秋野菜汁　イカステーキ　**ヒジキの煮物**　梨　牛乳

献立名	食品番号	材料	分量（g）	作り方
さつまいもご飯	1083	精白米	80	① さつまいもは角切りにする。
	2006	さつまいも	20	② ①とバターを加えて、炊飯する。
	14018	無塩バター	2	③ ごまと塩をから煎りする。
	5018	白いりごま	0.5	④ ②に③を混ぜ合わせる。
	17012	食塩	0.8	
秋野菜汁	17023	煮干し（だし用）	2	① 煮干しでだしをとる。
	4040	油揚げ	5	② 油揚げは短冊切りにし、油抜きする。
	6086	小松菜	5	③ 小松菜はざく切りにし、下ゆでする。
	6212	にんじん	10	④ にんじん、なす、冬瓜はいちょう切りに、
	6153	たまねぎ	10	たまねぎはスライスに切る。
	6191	秋なす	5	⑤ ①ににんじんとたまねぎを加えて、煮る。
	6173	冬瓜	10	⑥ ②となす、冬瓜を加える。
	17045	白みそ	8	⑦ みそを加えて、味つけする。
		水	170	⑧ ③を加える。
イカステーキ	10342	ムラサキイカ・切り身	40	① 大根はすりおろす。
	6132	大根	20	② イカを焼く。
	3004	三温糖	1	③ 調味料を加熱し、①を加えてタレを作る。
	16025	みりん	1	④ ②に③のタレをかける。
	17007	濃口しょうゆ	2	
	17004	トウバンジャン	0.02	
ヒジキの煮物	14005	炒め油	1.5	① ヒジキは洗って、もどす。
	2003	突きこんにゃく	15	② にんじんはせん切りに、ごぼうはささが
	6212	にんじん	5	き、れんこんはいちょう切りにする。
	6020	さやえんどう	5	③ 突きこんにゃくは下ゆでする。
	6084	ごぼう	10	④ さやえんどうは下ゆでする。
	6317	れんこん	20	⑤ 油で①②③を炒める。
	9031	芽ヒジキ（乾）	2	⑥ 調味料を加えて煮る。
	3004	三温糖	3	⑦ ④を加える。
	16025	みりん	1	
	17007	濃口しょうゆ	3.5	
		水	15	
梨	7088	幸水梨	50	① 1/6 に切り分ける。
牛乳	13003	牛乳	206	

料理名	エネルギー	たんぱく質	脂質	塩分	カルシウム	マグネシウム	鉄	亜鉛	ビタミン				食物繊維
	kcal	g	g	g	mg	mg	mg	mg	AμgRE	B_1 mg	B_2 mg	C mg	g
ご飯	329	5.2	2.7	0.8	18	25	0.7	1.1	16	0.08	0.03	6	1.0
野菜汁	48	2.6	2.4	1.2	45	21	0.6	0.2	89	0.03	0.02	7	1.3
イカ	47	7.5	0.6	0.5	11	21	0	0.5	2	0	0.02	2	0.3
煮物	57	1.3	1.5	0.6	47	24	1.5	0.2	45	0.05	0.04	13	2.5
くだもの	22	0.2	0.1	0	1	3	0	0.1	0	0.01	0	2	0.5
牛乳	138	6.8	7.8	0.2	227	21	0	0.8	78	0.08	0.31	2	0
合計	641	23.6	15.1	3.3	349	115	2.8	2.9	230	0.25	0.42	32	5.6

メッセージ

食欲の秋！　秋を元気に！！
秋野菜汁は、秋が旬の野菜を取り入れて秋ならではの味覚を堪能することができますね。
ヒジキは貴重な食材です。ごぼうやれんこんを合わせた食物繊維を加えて日本型食生活の代表メニューです。これからも、みなさんに食べてほしい料理を常に取り入れていきたいと思います。

麦ご飯　**煮込みおでん**　紫花豆と温野菜のサラダ　りんご　ふりかけ　牛乳

献立名	食品番号	材料	分量（g）	作り方
麦ご飯	1083	精白米	76	
		強化米	0.21	
	1007	米粒麦	4	
煮込みおでん	17019	カツオ節（だし用）	1.5	① カツオ節でだしをとる。 ② 昆布を洗って、もどす。 ③ にんじんと大根は厚めのいちょう切りに、里芋は厚めの半月切りに、ちくわは乱切りに、さつま揚げは三角切りにする。 ④ こんにゃくは乱切りにし、下ゆでする。 ⑤ がんもどきとさつま揚げは油抜きする。 ⑥ ①に②～⑤とつみれを加える。 （煮崩れしやすい里芋は後に入れる） ⑦ 調味料を加えて味つけし、煮る。 ⑧ うずらの卵を加える。 ＊ 昆布のもどし汁も使う。 ＊ 全体に味がしみるように煮含める。 ＊ ドレッシングは別付けにする。
	9017	結び昆布	2	
	6212	にんじん	15	
	6132	大根	35	
	2003	こんにゃく	24	
	16025	みりん	1.2	
	3004	三温糖	1	
	16001	酒	2	
	17007	濃口しょうゆ	6	
	4041	ミニがんもどき	7	
	10381	ちくわ	13	
	10386	さつま揚げ	10	
	10383	つみれ	15	
	2010	里芋	20	
	12003	うずら卵	18	
		水	50	
紫花豆と温野菜のサラダ	4021	紫花豆	7	① 花豆の異物確認をし、浸水して冷蔵庫で保冷する。 ② ①を３回ぐらいゆでこぼしながら、軟らかくなるまで煮る。 ③ 調味料を加えて味つけして煮含め、冷却機で汁ごと冷却する。 ④ ブロッコリーとカリフラワーは小房に分け、キャベツは短冊切りにする。 ⑤ ④とコーンをゆでて、冷却する。 ⑥ 水気をきった③⑤をむらなくあえる。 ＊ ドレッシングは別付けにする。
	3004	三温糖	2.5	
	17008	白しょうゆ	0.8	
	6263	ブロッコリー	22	
	6054	カリフラワー	22	
	6061	キャベツ	20	
	17012	食塩	0.4	
	6177	ホールコーン（冷）	7	
		ごまクリーミードレッシング	9	
りんご	7148	紅玉りんご	50	① 1/4 に切り分ける。
ふりかけ		ヒジキのふりかけ	2.5	
牛乳	13003	牛乳	206	

料理名	エネルギー	たんぱく質	脂質	塩分	カルシウム	マグネシウム	鉄	亜鉛	ビタミン				食物繊維
	kcal	g	g	g	mg	mg	mg	mg	Aμg RE	B_1 mg	B_2 mg	C mg	g
ご飯	286	4.9	0.8	0	5	18	0.6	1.1	0	0.37	0.03	0	0.7
おでん	127	8.6	4.1	2.1	82	38	1.5	0.7	202	0.06	0.11	1	2.6
サラダ	113	5.1	6.2	0.7	130	73	1.2	0.5	16	0.14	0.12	57	3.7
くだもの	27	0.1	0.1	0	2	2	0	0	1	0.01	0.01	2	0.8
ふりかけ	10	0.4	0.3	0.3	101	0	1.0	0.1	5	0	0.01	0	0.5
牛乳	138	6.8	7.8	0.2	227	21	0	0.8	78	0.08	0.31	2	0
合計	701	25.9	19.3	3.3	547	152	4.3	3.2	302	0.66	0.59	62	8.3

メッセージ

秋が深まってくる時期には根菜類を使った煮込みおでんが大変人気ですね。そのおでんに結び昆布を入れました。だしの味もよくなり、鉄もしっかり補えます。よく味をかみしめていただいてください。

くだものは特別栽培農産物のりんご、大変貴重な「紅玉」を取り入れました。スーパーなどではもう手に入らなくなってきた珍しい紅玉の味を皆さんにも知ってもらいたくて、農家の方にお願いして届けていただきました。できるだけ消毒や農薬を使わずに手間をかけて作られたものなので、大事に食べてくださいね。

ご飯　きのこ汁　タラのカレー揚げ　**ヒジキの煮物**　みかん　牛乳

献立名	食品番号	材料	分量（g）	作り方
ご飯	1083	精白米	80	
		強化米	0.24	
きのこ汁	17019	カツオ節（だし用）	2	① カツオ節でだしをとる。
	8001	えのきたけ	15	② えのきたけは 1/2 カット、しめじは小房に分け、長ねぎは小口切りに、豆腐は角切りにする。
	8020	なめこ	15	
	8016	しめじ	10	
	6226	長ねぎ	6	③ ①にきのこを加えて、煮る。
	4032	木綿豆腐	25	④ 豆腐を加える。
	17045	白みそ	10	⑤ みそを加えて、味つけする。
		水	140	⑥ 長ねぎを加える。
タラのカレー揚げ	10205	タラ・切り身	50	① タラに下味をつける。
	17012	食塩	0.5	② ①に粉をつけて、油で揚げる。
	17065	こしょう	0.02	
	1016	薄力粉	3.5	
	17061	カレー粉	0.8	
	14011	揚げ油	5	
ヒジキの煮物	14003	炒め油	1	① ヒジキは洗って、もどす。
	9031	芽ヒジキ（乾）	3.5	② にんじんはせん切りに、ちくわはいちょう切りにする。
	6212	にんじん	15	
	2003	突きこんにゃく	7	③ こんにゃくは下ゆでする。
	10381	ちくわ	15	④ コーンは下ゆでする。
	6177	ホールコーン（冷）	6.2	⑤ 油で①②③を炒める。
	3003	三温糖	2	⑥ 調味料を加え味つけして、煮る。
	17007	濃口しょうゆ	3.5	⑦ コーンを加える。
	16025	みりん	2	
		水	15	
みかん	7027	みかん	60	
牛乳	13003	牛乳	206	

料理名	エネルギー	たんぱく質	脂質	塩分	カルシウム	マグネシウム	鉄	亜鉛	ビタミン				食物繊維
	kcal	g	g	g	mg	mg	mg	mg	A μg RE	B_1 mg	B_2 mg	C mg	g
ご飯	286	4.9	0.7	0	4	18	0.6	1.1	0	0.25	0.02	0	0.4
汁	49	4.7	1.7	1.2	43	23	1.0	0.6	0	0.09	0.12	1	2.1
タラ	101	9.2	5.3	0.7	21	14	0.3	0.3	5	0.05	0.05	0	0.4
煮物	68	2.8	2.4	0.9	61	30	2.2	0.2	123	0.04	0.08	1	2.3
くだもの	28	0.4	0.1	0	13	7	0.1	0.1	50	0.06	0.02	19	0.6
牛乳	138	6.8	7.8	0.2	227	21	0	0.8	78	0.08	0.31	2	0
合計	670	28.8	18.0	3.0	369	113	4.2	3.1	256	0.57	0.60	23	5.8

メッセージ

みなさんはお魚は好きですか？　今日はタラという魚を使いました。魚は骨があるけれど、食べることは生きること。だから面倒くさがってはいけないのです。みなさんの好きなカレー味にしてあるのでおいしいはずですよ。

また、貧血にならないように鉄をたくさん含んだヒジキを使って煮物を作りました。からだのために食べましょう。

コッペパン　シーフードシチュー　**ヒジキのサラダ**　みかん　牛乳

献立名	食品番号	材料	分量（g）	作り方
コッペパン	1029	コッペパン	93	
シーフードシチュー	17024	鶏ガラ（だし用）	6	① 鶏ガラでだしをとる。 ② ホワイトソースを作る。 ③ 魚介類ミックスに下味をつける。 ④ じゃがいも、にんじんは乱切りに、たまねぎはくし形切りにする。 ⑤ ブロッコリーは小房分けにして、下ゆでする。 ⑥ ①に④とローレルを加えて、煮る。 ⑦ ③とコーンを加える。 ⑧ ②と調味料を加えて、味つけする。 ⑨ ⑤を加える。
	14020	マーガリン	5	
	1015	薄力粉	5	
	13003	牛乳	50	
		魚介類ミックス（冷）	20	
	16010	白ワイン	2	
	2017	じゃがいも	40	
	6153	たまねぎ	50	
	6212	にんじん	20	
	6263	ブロッコリー	20	
	6177	ホールコーン（冷）	10	
		ローレル		
	17012	食塩	0.8	
	17064	白こしょう	0.03	
		水	80	
ヒジキのサラダ	9031	芽ヒジキ（乾）	4	① ヒジキは洗って、もどす。 ② キャベツは短冊切りに、ほうれん草はざく切りにする。 ③ ②をゆでて、冷却する。 ④ カニフレークは蒸して、冷却する。 ⑤ ごまはから煎りする。 ⑥ 調味料を合わせる。 ⑦ あえる。
	6061	キャベツ	20	
	6267	ほうれん草	30	
	10376	カニフレーク	10	
	5018	白いりごま	1	
	3003	上白糖	0.5	
	14003	油	1	
	17015	酢	2.5	
	17008	薄口しょうゆ	2.5	
みかん	7029	みかん	50	
牛乳	13003	牛乳	206	

料理名	エネルギー	たんぱく質	脂質	塩分	カルシウム	マグネシウム	鉄	亜鉛	ビタミン				食物繊維
	kcal	g	g	g	mg	mg	mg	mg	AμgRE	B_1 mg	B_2 mg	C mg	g
パン	278	9.1	3.6	1.4	42	27	0.8	0.1	0	0.14	0.11	0	2.1
シチュー	198	10.9	7.1	1.2	109	40	5.1	1.1	187	0.16	0.27	45	2.2
サラダ	45	2.9	1.8	0.8	104	55	3.1	0.4	247	0.05	0.08	9	3.1
くだもの	23	0.3	0.1	0	7	5	0	0	44	0.04	0.02	18	0.4
牛乳	138	6.8	7.8	0.2	227	21	0	0.8	78	0.31	0.08	2	0
合計	682	30.0	20.4	3.6	489	148	9.0	2.4	556	0.70	0.56	74	7.8

メッセージ

今日の副菜は「ヒジキのサラダ」です。ヒジキは、煮物にして食べることが多いですが､今日はパンにも合うサラダにしました。

ヒジキには、鉄分がたっぷり含まれています。貧血を防ぐ働きがあったり､丈夫なからだをつくってくれる食べ物なんですよ。

ソフトめんのごまみそソース　**アジのフライ**　磯あえ　いちご　牛乳

献立名	食品番号	材料	分量（g）	作り方
ソフトめん		ソフトめん	190	
ごまみそソース	14004	炒め油	1	① しいたけは洗って、もどす。 ② にんにくはすりおろし、たまねぎはくし形切りに、にんじんは短冊切りに、しいたけはせん切りに、たけのこは斜めいちょう切りにする。 ③ 小松菜はざく切りにして、下ゆでする。 ④ 油で②と豚ひき肉を炒める。 ⑤ もやしを加える。 ⑥ 調味料を加えて、味つけする。 ⑦ ごまを加える。 ⑧ ③を加える。
	6223	にんにく	0.2	
	11163	豚ひき肉	30	
	6153	たまねぎ	30	
	6212	にんじん	10	
	8013	しいたけ（乾）	1	
	6150	たけのこ（水煮）	15	
	6291	緑豆もやし	10	
	3004	三温糖	0.5	
	17044	甘みそ	11	
	5018	白すりごま	3	
	6086	小松菜	10	
		水	100	
アジのフライ	10003	アジ・開き	50	① アジに衣をつける。 ② 油で揚げる。
	1016	薄力粉	10	
	12004	鶏卵	4	
	1078	パン粉	10	
	14004	揚げ油	2	
磯あえ	6291	緑豆もやし	35	① ほうれん草はざく切りに、しめじは小房分けにする。 ② ①ともやしをゆでて、冷却する。 ③ あえる。
	6267	ほうれん草	15	
	8016	しめじ	5	
	9004	のり・刻み	0.8	
	17042	マヨネーズ	4	
	17007	濃口しょうゆ	2	
いちご	7012	いちご（2個）	30	
牛乳	13003	牛乳	206	

料理名	エネルギー	たんぱく質	脂質	塩分	カルシウム	マグネシウム	鉄	亜鉛	ビタミン				食物繊維
	kcal	g	g	g	mg	mg	mg	mg	A μgRE	B_1 mg	B_2 mg	C mg	g
ソフトめん	273	8.7	1.5	0	19	25	1.0	0.8	0	0.13	0.04	0	2.3
ソース	143	8.8	7.4	0.7	77	30	1.5	1.4	106	0.26	0.13	9	3.0
アジ	154	13.1	5.0	0.3	22	23	0.7	0.7	11	0.08	0.13	0	0.7
あえ物	40	1.6	3.1	0.4	13	17	0.5	0.2	72	0.05	0.08	10	1.4
くだもの	10	0.3	0	0	5	4	0.1	0.1	0	0.01	0.01	19	0.4
牛乳	138	6.8	7.8	0.2	227	21	0	0.8	78	0.08	0.31	2	0
合計	758	39.3	24.8	1.6	363	120	3.8	4.0	267	0.61	0.70	40	7.8

メッセージ

アジには、丈夫な骨・強い歯をつくるカルシウムや、夏バテを防ぎ、イライラを抑えるビタミンB_1がたくさん含まれています。「アジは小骨があり苦手」という人もいますが、いいこともたくさんあります。アジのような皮の青い魚には血液をきれいにしたり、脳の働きをよくするIPAやDHAが含まれています。

コッペパン　**クラムチャウダー**　鶏肉のレモンソース　グリーンサラダ　牛乳

献立名	食品番号	材料	分量（g）	作り方
コッペパン		コッペパン	93	
クラムチャウダー	14003	炒め油	0.8	① たまねぎはスライス、にんじんはいちょう切りに、じゃがいもは角切りに、パセリはみじん切りにする。 ② ホワイトソースを作る。 ③ 油でたまねぎとにんじんを炒める。 ④ じゃがいもを加えて、煮る。 ⑤ アサリ、エビ、コーン、マッシュルームを加える。 ⑥ ②を加える。中火～弱火 ⑦ 調味料を加えて、味つけする。 ⑧ 生クリームとパセリを加える。 ＊ アサリ（水煮）は汁ごと使う。
	6153	たまねぎ	30	
	6212	にんじん	5	
	2017	じゃがいも	35	
	10281	むきアサリ	10	
	10283	アサリ（水煮）	10	
	10328	むきエビ	10	
	6177	ホールコーン（冷）	10	
	6179	クリームコーン	10	
	8033	マッシュルーム（水煮）	8	
	1015	薄力粉	8	
	14018	無塩バター	2	
	13003	牛乳	15	
	17024	チキンブイヨン	0.8	
	17012	食塩	0.3	
	17064	白こしょう	0.03	
	13014	生クリーム	10	
	6239	パセリ	1	
		水	50	
鶏肉のレモンソース	11221	鶏もも肉・一口大	40	① 鶏肉に下味をつける。 ② ①を焼く。 ③ 調味料を加熱して、レモンソースを作る。 ④ ③を②にかける。
	17012	食塩	0.15	
	17064	白こしょう	0.03	
	3004	三温糖	0.3	
	17008	薄口しょうゆ	1	
	17015	酢	1	
	7156	レモン果汁	2	
グリーンサラダ	6007	アスパラガス	20	① アスパラは2cmカット、ブロッコリーは一口大にカット、キャベツは1cmカット、きゅうりは小口切りにする。 ② ①をゆでて、冷却する。 ③ あえる。
	6263	ブロッコリー	15	
	6061	キャベツ	25	
	6065	きゅうり	15	
		和風ドレッシング	7	
牛乳	13003	牛乳	206	

料理名	エネルギー	たんぱく質	脂質	塩分	カルシウム	マグネシウム	鉄	亜鉛	ビタミン				食物繊維
	kcal	g	g	g	mg	mg	mg	mg	A µgRE	B_1 mg	B_2 mg	C mg	g
パン	278	9.1	3.6	1.3	42	27	0.8	0.1	0	0.14	0.10	0	2.0
チャウダー	185	7.6	8.2	0.9	61	37	4.8	1.0	107	0.07	0.12	16	2.2
鶏肉	83	6.6	5.6	0.3	2	9	0.2	0.6	16	0.03	0.07	2	0
サラダ	24	1.8	0.2	0.5	26	12	0.4	0.3	21	0.06	0.07	33	1.8
牛乳	138	6.8	7.8	0.2	227	21	0	0.8	78	0.08	0.31	2	0
合計	708	31.9	25.4	3.2	358	106	6.2	2.8	222	0.38	0.67	53	6.0

メッセージ

チャウダーはアメリカの代表的なスープで、名前の語源はフランス語「チァウディアー」の「釜」とか「大鍋」という意味からきています。

ハマグリ、カキ、アサリ、エビ、白身魚などの魚介類を主材料として、野菜やベーコンなどを取り合わせて作ります。

主材料によりクラムチャウダー、コーンチャウダー、オイスターチャウダーなどと呼ばれています。

麦ご飯　若竹汁　**カツオのごまがらめ**　ポパイサラダ　いちご　牛乳

献立名	食品番号	材料	分量（g）	作り方
麦ご飯	1083	精白米	76	
		強化米	0.19	
	1006	押麦	6.8	
若竹汁	17019	カツオ節（だし用）	3	① カツオ節でだしをとる。
	4032	木綿豆腐	20	② 豆腐は角切りに、にんじんとたけのこは短冊切りに、長ねぎは小口切りにする。
	6212	にんじん	5	③ ①ににんじんを加えて、煮る。
	6151	たけのこ（水煮）	20	④ 豆腐とたけのこを加える。
	6226	長ねぎ	10	⑤ 調味料を加えて、味つけする。
	9040	ワカメ（乾）	1	⑥ 長ねぎとワカメを加える。
	16001	酒	0.5	
	17007	濃口しょうゆ	3	
	17012	食塩	0.4	
		水	160	
カツオのごまがらめ	10086	カツオ・角切り	50	① カツオにでんぷんをつけて、油で揚げる。
	2034	でんぷん	3	② ごまはから煎りする。
	14011	揚げ油	4.2	③ 調味料を加熱して、タレを作る。
	5018	黒いりごま	0.8	④ ③②で①をからめる。
	3004	三温糖	3	
	17007	濃口しょうゆ	3.4	
	16025	みりん	0.8	
		水	1.1	
ポパイサラダ	6267	ほうれん草	35	① ほうれん草はざく切りに、キャベツは短冊切りにする。
	6061	キャベツ	30	② ①をゆでて、冷却する。
	11176	ロースハム・せん切り	10	③ ハムは蒸して、冷却する。
	14003	米ぬか油	1	④ 調味料を合わせる。
	17012	食塩	0.2	⑤ あえる。
	17064	白こしょう	0.02	
	17008	薄口しょうゆ	1.8	
	17015	酢	0.7	
いちご	7012	いちご（2個）	40	
牛乳	13003	牛乳	206	

料理名	エネルギー	たんぱく質	脂質	塩分	カルシウム	マグネシウム	鉄	亜鉛	ビタミン				食物繊維
	kcal	g	g	g	mg	mg	mg	mg	A μgRE	B_1 mg	B_2 mg	C mg	g
ご飯	295	5.0	0.8	0.2	5	19	0.7	1.2	0	0.29	0.03	0	1.0
若竹汁	39	4.5	0.9	1.0	42	24	0.6	0.3	45	0.03	0.05	1	1.2
カツオ	126	13.4	4.9	0.5	17	26	1.2	0.4	3	0.07	0.10	0	0.1
サラダ	44	3.0	1.6	0.7	32	31	0.9	0.4	247	0.11	0.09	29	1.5
くだもの	14	0.4	0	0	7	5	0.1	0.1	1	0.10	0.01	25	0.6
牛乳	138	6.8	7.8	0.2	227	21	0	0.8	78	0.08	0.31	2	0
合計	656	33.1	16.0	2.6	330	126	3.5	3.2	374	0.68	0.59	57	4.4

メッセージ

こどもの日の献立です。鉄を多く含むカツオ、ほうれん草を多く使いました。
特にカツオはヘム鉄が多いので体内への吸収もされやすく、この季節にはピッタリです。カツオはかたくなりやすいので、ひと口サイズにして食べやすくしました。
鉄はたんぱく質やビタミンCと一緒にとると吸収がよくなるので、豆腐、ハム、いちごなどと組み合わせました。

麦ご飯　中華スープ　**カツオのごまみそマヨ焼き**　ワカメサラダ　いちご　牛乳

献立名	食品番号	材料	分量（g）	作り方
麦ご飯	1083	精白米	76	
		強化米	0.24	
	1007	米粒麦	4	
中華スープ	17024	鶏ガラ（だし用）	6.5	① 鶏ガラでだしをとる。
	2005	しらたき	10	② しいたけは洗って、もどす。
	11185	ベーコン・短冊切り	8	③ たけのこ、にんじん、白菜は短冊切りに、しいたけはせん切りに、長ねぎは小口切りにする。
	6149	たけのこ	12	
	6212	にんじん	10	
	6233	白菜	25	④ ほうれん草はざく切りにして、下ゆでする。
	6267	ほうれん草	10	
	8013	しいたけ（乾）	1	⑤ しらたきは短く切って、下ゆでする。
	6226	長ねぎ	5	⑥ ①にたけのこ、にんじん、しいたけを加えて、煮る。
	17008	薄口しょうゆ	5	
	17012	食塩	0.3	⑦ ⑤とベーコン、白菜を加える。
	17064	白こしょう	0.02	⑧ 調味料を加えて、味つけする。
		水	120	⑨ ④と長ねぎを加える。
カツオのごまみそマヨ焼き	10086	カツオ・切り身	50	① カツオに下味をつける。
	17064	白こしょう	0.02	② ごまと調味料を合わせる。
	16001	酒	1	③ カップに①を入れ、上に②をのせる。
	5018	白すりごま	2	④ ③を焼く。（約 180℃で 16 分）
	17042	マヨネーズ	8	
	17045	白みそ	2	
		紙カップ		
ワカメサラダ	9045	ワカメ（乾）	0.8	① キャベツは短冊切りに、きゅうりは小口切りに、小松菜はざく切りにする。
	6061	キャベツ	20	
	6065	きゅうり	5	② ①とワカメをゆでて、冷却する。
	6086	小松菜	10	③ 調味料とツナフレークを合わせる。
	10263	ツナフレーク	7	④ あえる。
	17015	酢	1.6	
	3003	上白糖	0.4	
	17007	濃口しょうゆ	3.2	
	17012	食塩	0.24	
	14002	ごま油	0.8	
いちご	7012	いちご（2 個）	30	
牛乳	13003	牛乳	206	

料理名	エネルギー	たんぱく質	脂質	塩分	カルシウム	マグネシウム	鉄	亜鉛	ビタミン				食物繊維
	kcal	g	g	g	mg	mg	mg	mg	AμgRE	B1 mg	B2 mg	C mg	g
ご飯	286	4.9	0.8	0	5	19	0.6	1.1	0	0.37	0.03	0	0.7
スープ	36	3.1	1.0	1.3	32	18	0.6	0.5	113	0.11	0.10	14	2.0
カツオ	130	13.7	7.5	0.4	32	30	1.3	0.5	4	0.08	0.09	0	0.4
サラダ	37	2.0	2.3	0.8	28	9	0.5	0	29	0.02	0.03	13	0.7
くだもの	10	0.3	0	0	5	4	0.1	0.1	1	0.01	0.01	19	0.4
牛乳	138	6.8	7.8	0.2	227	21	0	0.8	78	0.08	0.31	2	0
合計	637	30.8	19.1	2.7	229	101	3.1	3.0	225	0.67	0.57	48	4.2

メッセージ

「目には青葉　山ほととぎす　初がつお」と詠まれたように、カツオは初夏が旬の食べ物です。今日はその旬のカツオとごまを使ってみそマヨ焼きを作りました。カツオの特に血合いの部分と、ごまには鉄がたくさん含まれています。
鉄をしっかりとることは貧血の予防に役立ちます。

サクラエビご飯　かきたま汁　**カツオのピーナッツがらめ**　うどのごまあえ　美生柑　牛乳

献立名	食品番号	材料	分量（g）	作り方
サクラエビご飯	1083	精白米	70	① 調味料を加えて、炊飯する。
		強化米	0.2	② サクラエビは調味料で煎りつける。
	1007	米粒麦	10	③ 小松菜は細かく切って、スチームで蒸す。
	17007	濃口しょうゆ	4	④ ①に②③を混ぜ合わせる。
	16023	酒	4	
	17012	食塩	0.5	
	10325	サクラエビ	2	
	3004	三温糖	1	
	17007	濃口しょうゆ	1.5	
	17054	みりん風調味料	1	
	6086	小松菜	15	
かきたま汁	17019	カツオ節（だし用）	1	① カツオ節と昆布でだしをとる。
	17020	昆布（だし用）	2	② たまねぎはスライス、にんじんはせん切りに、えのきたけとチンゲン菜は 2cm 切りに、豆腐はさいの目切りにする。
	6153	たまねぎ	15	③ ①に根菜を加えて、煮る。
	6212	にんじん	5	④ 調味料を加えて、味つけする。
	8001	えのきたけ	20	⑤ 豆腐とえのきたけ、チンゲン菜を加える。
	4032	木綿豆腐	20	⑥ 水溶きでんぷんでとろみをつける。
	6160	チンゲン菜	10	⑦ 溶き卵を流し入れる。
	17007	濃口しょうゆ	3	
	17012	食塩	0.3	
	16023	酒	1	
	2034	でんぷん	1	
	12004	鶏卵	15	
		水	130	
カツオのピーナッツがらめ	10086	カツオ・角切り	50	① しょうがはすりおろす。
	17007	濃口しょうゆ	2	② カツオに下味をつける。
	16023	酒	1.5	③ ②にでんぷんをつけて、油で揚げる。
	6103	しょうが	0.4	④ 落花生をオーブンで焼く。
	2034	でんぷん	6	⑤ 調味料を加熱して、タレを作る。
	14011	揚げ油	5	⑥ ④⑤で③をからめる。
	5035	落花生・刻み	5	
	17007	濃口しょうゆ	2	
	17054	みりん風調味料	2	
	3004	三温糖	1	
うどのごまあえ	6233	白菜	25	① 白菜とうどは短冊切りに、にんじんはせん切りに、ほうれん草は 3cm に切る。
	6267	ほうれん草	15	② ①をスチームで蒸し、冷却する。
	6212	にんじん	5	③ ごまをから煎りする。
	6012	うど	10	④ 調味料を合わせる。
	5018	白すりごま	4	⑤ あえる。
	3004	三温糖	2	
	17007	濃口しょうゆ	3	
美生柑	7112	美生柑	50	① 1/4 に切り分ける。
牛乳	13003	牛乳	206	

料理名	エネルギー	たんぱく質	脂質	塩分	カルシウム	マグネシウム	鉄	亜鉛	ビタミン				食物繊維
	kcal	g	g	g	mg	mg	mg	mg	A μg RE	B_1 mg	B_2 mg	C mg	g
ご飯	305	6.9	0.9	1.4	73	31	1.3	1.2	39	0.09	0.05	6	1.6
汁	56	4.1	2.3	0.8	47	17	0.9	0.4	78	0.07	0.12	3	1.3
カツオ	168	14.6	7.8	0.7	12	32	1.1	0.5	3	0.11	0.10	0	0.4
あえ物	45	1.6	2.3	0.4	69	31	0.9	0.4	93	0.05	0.06	10	1.4
くだもの	23	0.3	0.1	0	12	4	0.1	0.1	1	0.03	0.02	13	1.1
牛乳	138	6.8	7.8	0.2	227	21	0	0.8	78	0.08	0.31	2	0
合計	735	34.3	21.2	3.5	440	136	4.3	3.4	292	0.43	0.66	34	5.8

メッセージ

今日は、春が旬の食べ物をいろいろ使いました。サクラエビ、カツオ、うど、それにくだものの美生柑です。カツオは春になると、暖かい黒潮に乗って日本の海へやって来て、北へ向かって力強く泳いでいきます。うどは、春の日差しを受けて温まった土から、グングンとのびてきます。春のエネルギーいっぱいのおいしさを、味わいましょう。

コッペパン　**アサリのチャウダー**　アスパラサラダ　オレンジ　牛乳

献立名	食品番号	材料	分量（g）	作り方
コッペパン		コッペパン	93	
アサリのチャウダー	10283	アサリ（水煮）	10	① 野菜は四角に切る。
	11183	ベーコン	10	② 小麦粉をバターで炒めルウを作る。
	6153	たまねぎ	40	③ さやえんどうはゆでておく。
	2017	じゃがいも	40	④ 材料を炒め煮にし、煮えたらルウを加えとろみをつけ、味をととのえ、③をちらす。
	6214	にんじん	10	
	6020	さやえんどう	4	
	8033	マッシュルーム（水煮）	6	
	14008	炒め油	0.5	
	1015	小麦粉	5.6	
	14018	無塩バター	6	
	13003	牛乳	30	
	17013	食塩	0.7	
	17064	白こしょう	0.03	
		水	60	
アスパラサラダ	6007	アスパラガス	25	① アスパラは3cmくらいに切りゆでる。
	6061	キャベツ	13	② キャベツはせん切りに、きゅうりは半月の斜め切りにし、ゆでて冷却する。
	6065	きゅうり	12	③ ロースハムは色紙切りにして蒸す。
	11176	ロースハム	10	④ ドレッシングを作り材料をあえる。
	17016	酢	2.3	
	14008	なたね油	0.6	
	3004	三温糖	0.2	
	17013	食塩	0.3	
	17064	白こしょう	0.02	
オレンジ	7040	オレンジ	45	① 1/4に切り分ける。
牛乳	13003	牛乳	206	

料理名	エネルギー	たんぱく質	脂質	塩分	カルシウム	マグネシウム	鉄	亜鉛	ビタミン				食物繊維
	kcal	g	g	g	mg	mg	mg	mg	A μgRE	B1 mg	B2 mg	C mg	g
コッペパン	278	9.1	3.6	1.3	42	42	0.8	0.1	0	0.14	0.10	0	2.0
チャウダー	195	6.1	10.8	1.1	59	25	4.2	0.9	165	0.09	0.07	10	1.8
サラダ	39	2.1	2.1	0.8	15	8	0.3	0.2	19	0.08	0.04	5	0.8
くだもの	21	0.4	0	0	11	4	0.1	0	10	0.03	0.02	27	0.5
牛乳	138	6.8	7.8	0.2	227	21	0	0.8	80	0.08	0.31	2	0
合計	671	24.5	24.3	3.4	354	100	5.4	2.0	274	0.42	0.54	44	5.1

メッセージ

旬のアサリと新じゃがを使ったアサリのチャウダーです。チャウダーとは西洋料理のひとつで、魚介類を主として煮込んだ濃厚なスープをいいます。アサリからは、鉄分をたくさんとることができます。

丸パン　ジャム　**ポテトスープ**　鶏肉のレモン漬け焼き　いんげんサラダ　清美オレンジ　牛乳

献立名	食品番号	材料	分量（g）	作り方
丸パン		丸パン	93	
ジャム	7014	いちごジャム	10	
ポテトスープ	2017	じゃがいも	30	① じゃがいもとにんじんはいちょう切りに、たまねぎはスライス、パセリはみじん切りにする。
	6153	たまねぎ	20	
	6212	にんじん	10	
	10283	アサリ（水煮）	13	② バターで小麦粉を炒め、ホワイトルウを作る。
	13003	牛乳	30	
	13010	スキムミルク	5	③ 根菜を煮て、アサリを汁ごと加える。（汁は半量）
	17027	コンソメ	0.3	
	17012	食塩	0.2	④ 牛乳とスキムミルクを加える。
	1015	小麦粉	3	⑤ 調味料を加えて、味つけする。
	14017	有塩バター	3	⑥ ②を加えてとろみをつける。
	6239	パセリ	1	⑦ パセリを加える。
		水	60	
鶏肉のレモン漬け焼き	11224	鶏もも肉・一口大	60	① にんにくはすりおろし、しめじは小房分けにする。
	17012	食塩	0.15	
	6223	にんにく	0.5	② 鶏肉に下味をつける。
	17065	こしょう	0.03	③ しめじにしょうゆをからめる。
	7156	レモン果汁	1.8	④ 鉄板に薄く油（分量外）をぬり、②を並べ、上に③をのせる。
	8016	しめじ	10	
	17007	濃口しょうゆ	0.5	⑤ ④を焼く。
いんげんサラダ	6010	さやいんげん	20	① ヒジキを洗って、もどす。
	6247	赤ピーマン	5	② いんげんは 1/3 カット、赤ピーマンはせん切りに、きゅうりは斜めスライス、たまねぎはスライスにする。
	6065	きゅうり	15	
	6153	たまねぎ	10	
	9031	芽ヒジキ（乾）	1	③ ①②をゆでて、冷却する。
	17007	濃口しょうゆ	2	④ 調味料を合わせる。
	17015	酢	2	⑤ たまねぎに④をからめる。
	14011	サラダ油	1.5	⑥ あえる。
	3004	三温糖	0.5	
清美オレンジ	7041	清美オレンジ	40	① 1/4 に切り分ける。
牛乳	13003	牛乳	206	

料理名	エネルギー	たんぱく質	脂質	塩分	カルシウム	マグネシウム	鉄	亜鉛	ビタミン				食物繊維
	kcal	g	g	g	mg	mg	mg	mg	A μgRE	B_1 mg	B_2 mg	C mg	g
丸パン	271	8.4	3.6	1.3	19	24	0.8	0.7	0	0.14	0.07	0	2.0
ジャム	11	0	0	0	1	0	0	0	0	0	0	0	0
スープ	144	6.8	4.1	0.7	115	36	5.2	1	109	0.10	0.16	24	1.6
鶏肉	74	11.7	2.4	0.5	3	16	0.4	1.3	11	0.07	0.15	14	1.6
サラダ	32	1.1	1.5	0.3	31	16	0.7	0.1	21	0.01	0.04	14	1.4
くだもの	18	0.4	0	0	10	4	0.1	0	34	0.03	0.02	24	0.4
牛乳	138	6.8	7.8	0.2	227	21	0	0.8	78	0.08	0.31	2	0
合計	688	35.2	19.4	3.0	406	117	7.2	3.9	253	0.43	0.75	78	7.0

メッセージ

ヒジキは、いつも炒め煮にして給食に出していますが、今日は少し目先を変えてサラダに入れてみました。ヒジキは、昔から日本人の食卓には欠かせない健康食品です。みなさんにヒジキを好きになってほしいと工夫したので、食べてみてくださいね。

また、ヒジキには鉄が多く含まれますので、貧血の予防にもなるんですよ。

ご飯　**イワシのつみれ汁**　おからの炒め煮　磯香あえ　きなこゼリー　牛乳

献立名	食品番号	材料	分量（g）	作り方
ご飯	1083	精白米	80	
イワシのつみれ汁	17019	カツオ節（だし用）	2	① カツオ節と煮干しでだしをとる。 ② しょうがはすりおろし、長ねぎはみじん切りに、ごぼうはささがき、大根はいちょう切りに、しめじは小房分けにする。 ③ つみれの材料を混ぜ合わせる。 ④ ①に根菜を加えて、煮る。 ⑤ ③を一口大にして、加える。 ⑥ しめじを加える。 ⑦ 調味料を加えて、味つけする。 ⑧ ざく切りした小松菜を加える。
	17023	煮干し（だし用）	2	
	10047	イワシ・すり身	25	
	6103	しょうが	0.3	
	6226	長ねぎ	2	
	1015	薄力粉	0.5	
	17045	白みそ	1	
	6084	ごぼう	6	
	6132	大根	15	
	8016	しめじ	10	
	6086	小松菜	6	
	17008	薄口しょうゆ	5	
		水	150	
おからの炒め煮	17019	カツオ節（だし用）	1.5	① カツオ節でだしをとる。 ② ちくわは半月切りに、にんじんはせん切りに、長ねぎは小口切りにする。 ③ 油揚げは短冊切りにし、油抜きする。 ④ 油で鶏ひき肉と野菜を炒める。 ⑤ おから、油揚げ、ちくわを加える。 ⑥ ①を加えて、煮る。 ⑦ 調味料を加えて、味つけする。
	14005	炒め油	0.5	
	4050	おから	12	
	4040	油揚げ	3	
	10381	ちくわ	8	
	6212	にんじん	8	
	6226	長ねぎ	8	
	11230	鶏ひき肉	10	
	17008	薄口しょうゆ	3	
	3004	三温糖	1.5	
		水	15	
磯香あえ	6289	もやし	30	① キャベツは短冊切りにする。 ② ①ともやしをゆでて、冷却する。 ③ 煮干しはから煎りする。 ④ あえる。
	6061	キャベツ	25	
	10045	煮干し	5	
	9004	のり・刻み	0.4	
	17042	マヨネーズ	5	
きなこゼリー	4029	きなこ	8	① きなこと牛乳を混ぜ合わせる。 ② 粉寒天と砂糖を混ぜ合わせる。 ③ ②に水を加えて沸騰させ、煮溶かす。 ④ ③に①を加える。 ⑤ ゼリーカップに流し、冷却する。
	13003	牛乳	30	
	9028	粉寒天	0.4	
	3003	上白糖	10	
		水	25	
		ゼリーカップ		
牛乳	13003	牛乳	206	

料理名	エネルギー	たんぱく質	脂質	塩分	カルシウム	マグネシウム	鉄	亜鉛	ビタミン				食物繊維
	kcal	g	g	g	mg	mg	mg	mg	A μg RE	B_1 mg	B_2 mg	C mg	g
ご飯	285	4.9	0.7	0	4	18	0.6	1.1	0	0.06	0.02	0	0.4
汁	72	6.0	3.6	1.0	37	19	0.9	0.3	26	0.03	0.16	4	1.0
炒め煮	70	4.9	3.0	0.7	30	18	0.4	0.3	65	0.03	0.04	1	1.6
あえ物	64	4.4	4.2	0.3	130	20	1.1	0.6	11	0.03	0.07	14	1.0
ゼリー	93	3.8	3.0	0	53	22	0.7	0.4	12	0.07	0.08	0	1.4
牛乳	138	6.8	7.8	0.2	227	21	0	0.8	78	0.08	0.31	2	0
合計	722	30.8	22.3	2.2	481	118	3.7	3.5	192	0.30	0.68	21	5.4

メッセージ

　イワシは日本沿岸でとれる魚です。背中が青いサンマやサバ、イワシ、ブリなどの海流に乗って泳ぐ魚は背中に「血合い」という筋肉があって、そこに鉄がたくさん含まれています。血合いが嫌という人もいますが、栄養たっぷりです。からだが成長していくためにとても大切な栄養素です。

麦ご飯　辛味豆腐汁　**イナダの照り焼き**　磯あえ　牛乳

献立名	食品番号	材料	分量（g）	作り方
麦ご飯	1083	精白米	76	
	1007	米粒麦	4	
辛味豆腐汁	17023	煮干し（だし用）	2	① 煮干しでだしをとる。 ②にんじんとキャベツはせん切りに、えのきたけは 1/3 カット、にらは 2cm カット、豆腐はさいの目切りにする。 ③ 油でトウバンジャン、豚ひき肉、にんじんを炒める。 ④ ①を加えて、煮る。 ⑤ キャベツとえのきたけを加える。 ⑥ 調味料を加えて、味つけする。 ⑦ 豆腐を加える。 ⑧ にらを加える。
	14002	ごま油（炒め用）	0.2	
	11163	豚ひき肉	15	
	17004	トウバンジャン	0.2	
	6212	にんじん	10	
	6061	キャベツ	30	
	8001	えのきたけ	10	
	4032	木綿豆腐	35	
	6207	にら	5	
	17045	白みそ	8	
	17007	濃口しょうゆ	1.5	
		水	150	
イナダの照り焼き	10243	イナダ・切り身	60	① イナダを調味料に漬ける。 ② 鉄板に油をひき、①を並べる。 ③ 焼く。
	17007	濃口しょうゆ	3	
	16025	みりん	2	
	16001	酒	2	
	17073	七味唐辛子	0.01	
	14003	焼き油	1	
磯あえ	6289	もやし	40	① もやしはゆでて、冷却する。 ② きゅうりは丸のままゆでて冷却し、小口切りにして塩でもむ。 ③ 糸寒天は洗って、もどす。 ④ あえる。
	6065	きゅうり	20	
	17012	食塩	0.1	
	9007	のり・刻み	1	
	17011	白しょうゆ	2	
	9027	糸寒天	1	
牛乳	13003	牛乳	206	

料理名	エネルギー	たんぱく質	脂質	塩分	カルシウム	マグネシウム	鉄	亜鉛	ビタミン				食物繊維
	kcal	g	g	g	mg	mg	mg	mg	A μg RE	B$_1$ mg	B$_2$ mg	C mg	g
ご飯	285	4.9	0.8	0	5	18	0.6	1.1	0	0.06	0.02	0	0.7
辛味汁	97	8.4	4.6	1.3	112	34	1.4	0.9	94	0.12	0.05	5	1.5
イナダ	172	13.0	11.6	0.5	4	18	0.9	0.4	17	0.10	0.16	1	0.5
あえ物	12	1.4	0	0.3	12	12	0.2	0.1	29	0.02	0.03	5	1.8
牛乳	138	6.8	7.8	0.2	227	21	0	0.8	78	0.08	0.31	2	0
合計	704	34.5	24.8	2.3	360	103	3.1	3.3	218	0.38	0.57	13	4.5

メッセージ

　今日の主菜は「イナダの照り焼き」です。
　「イナダ」は「ブリ」の子どもです。「ブリ」は15㎝くらいの小さい時、関東地方では「ワカシ」と呼び、それから成長するにつれて、「イナダ」「ワラサ」「ブリ」と名前が変わっていく魚です。大人の「ブリ」は冬に多く出回る魚ですが、子どもの「イナダ」は夏に出回る魚です。
　今日は三陸海岸でとれた「イナダ」をしょうゆやみりんで味つけして照り焼きにしました。味わっていただきましょう。

中学校

麦ご飯　レタスと卵のスープ　コーンのひまわり蒸し　**アサリと野菜のごまあえ**　牛乳

献立名	食品番号	材料	分量（g）	作り方
麦ご飯	1083	精白米	100	
		強化米	0.32	
	1007	米粒麦	5	
レタスと卵のスープ	6153	たまねぎ	25	① たまねぎとトマトはスライス、じゃがいもはいちょう切りに、しめじは小房分け、レタスはざく切りにする。 ② 中華スープに根菜を加えて、煮る。 ③ トマト、しめじ、ベーコンを加える。 ④ 調味料を加えて、味つけする。 ⑤ 水溶きでんぷんでとろみをつける。 ⑥ 溶き卵を流し入れる。 ⑦ レタスを加える。
	6183	トマト	25	
	2017	じゃがいも	15	
	8016	しめじ	10	
	11183	ベーコン・短冊切り	8	
	17027	中華スープの素	0.5	
	17008	薄口しょうゆ	2.5	
	17012	食塩	0.3	
	2034	でんぷん	1	
	12004	鶏卵	10	
	6312	レタス	20	
		水	120	
コーンのひまわり蒸し	11230	鶏ひき肉	30	① たまねぎはみじん切りに、しょうがはすりおろす。 ② 材料を混ぜ合わせて、練る。 ③ ②を丸めて紙カップにのせ、その周りにコーンを入れ、肉を平らにする。 ④ ③を 20 分蒸す。 ⑤ ④の中心の肉の部分にケチャップをきれいにのせる。
	11163	豚ひき肉	25	
	1079	パン粉	3.5	
	6153	たまねぎ	15	
	6103	しょうが	0.35	
	12004	鶏卵	3.5	
	13040	サイコロチーズ	6	
	17007	濃口しょうゆ	1.2	
	16001	酒	1.2	
	17012	食塩	0.12	
	17064	白こしょう	0.01	
	2034	でんぷん	2.5	
	6177	ホールコーン（冷）	15	
	17036	ケチャップ	8	
		紙カップ		
アサリと野菜のごまあえ	6267	ほうれん草	20	① ほうれん草とキャベツは短冊切りに、にんじんはせん切りにする。 ② ①をゆでて、冷却する。 ③ アサリは調味料で煮つけて、冷却する。 ④ ごまはから煎りする。 ⑤ ④と調味料を合わせる。 ⑥ あえる。
	6212	にんじん	10	
	6061	キャベツ	40	
	10283	アサリ（水煮）	15	
	3004	三温糖	1	
	17007	濃口しょうゆ	2	
	16025	みりん	2	
	16001	酒	1	
	5018	黒すりごま	2	
	17008	薄口しょうゆ	4	
	3003	上白糖	1	
	17015	酢	1	
	14004	サフラワー油	1.5	
牛乳	13003	牛乳	206	

料理名	エネルギー	たんぱく質	脂質	塩分	カルシウム	マグネシウム	鉄	亜鉛	ビタミン				食物繊維
	kcal	g	g	g	mg	mg	mg	mg	A μgRE	B_1 mg	B_2 mg	C mg	g
ご飯	374	6.5	1.0	0	6	24	0.9	1.5	0	0.49	0.04	0	0.9
スープ	83	3.5	4.1	1.1	19	15	0.7	0.4	39	0.11	0.12	19	1.6
蒸し物	184	14.2	8.7	0.9	51	25	1.0	1.2	41	0.23	0.17	4	0.8
あえ物	77	4.8	3.1	1.1	49	37	6.5	0.8	149	0.08	0.06	23	1.9
牛乳	138	6.8	7.8	0.2	227	21	0	0.8	78	0.08	0.31	2	0
合計	856	35.8	24.7	3.3	352	122	9.1	4.7	307	0.99	0.70	48	5.2

メッセージ

今日はいつも不足しがちな鉄分をたっぷり取り入れた献立です。どの食べ物にたくさん入っていると思いますか？　答えは「アサリ」と「ほうれん草」です。
鉄の多い食品には少し独特な味があり苦手に思う人も多いと思いますが、とても大切な栄養素です。貧血予防のためにも意識してとるようにしましょう。

麦ご飯　いもの子汁　**アサリのかき揚げ**　ほうれん草とりんごのサラダ　柿　牛乳

献立名	食品番号	材料	分量（g）	作り方
麦ご飯	1083	精白米	76	
	1007	米粒麦	4	
いもの子汁	10045	煮干し（だし用）	1.8	① 煮干しでだしをとる。
	2010	里芋	20	② さつまいも、にんじん、大根、里芋は厚めのいちょう切りに、長ねぎは小口切りにする。
	2006	さつまいも	18	
	6214	にんじん	5	
	6134	大根	10	③ こんにゃくは短冊切りにし、下ゆでする。
	6226	長ねぎ	3.7	④ 油揚げは短冊切りにし、油抜きする。
	4040	油揚げ	4	⑤ ①に根菜を加えて、煮る。（里芋は下ゆでして加える）
	2003	こんにゃく	15	
	17045	白みそ	10	⑥ ③④を加える。
		水	130	⑦ みそを加えて、味つけする。
				⑧ 長ねぎを加える。
アサリのかき揚げ	10283	アサリ（水煮）	20	① ワカメは1cmカット、にんじんはせん切りに、えのきたけは1/3にカットする。
	9045	生ワカメ	20	
	6212	にんじん	8	② 天ぷら衣を作る。
	8001	えのきたけ	23	③ ①②とアサリを混ぜ合わせる。
	12004	鶏卵	6	④ ③を油で揚げる。
	13010	スキムミルク	2	* かき揚げに天つゆをそえる。
	1015	薄力粉	13	
	14005	揚げ油	10	
	17019	カツオ節（だし用）	15	
	17007	濃口しょうゆ	3	① カツオ節でだしをとる。
	16025	みりん	2	② ①と調味料を加熱して、天つゆを作る。
ほうれん草とりんごのサラダ	6267	ほうれん草	40	① ほうれん草はざく切りにする。
	7148	りんご	10	② ①をゆでて、冷却する。
	5018	白いりごま	0.3	③ りんごはいちょう切りにして、塩水につける。
	17017	ワインビネガー	1	
	14011	サラダ油	0.6	④ ごまはから煎りする。
	17007	濃口しょうゆ	0.6	⑤ 調味料を合わせる。
	17012	食塩	0.25	⑥ あえる。
	17063	黒こしょう	0.02	
柿	7049	柿（富有柿）	35	① 1/4に切り分ける。
牛乳	13003	牛乳	206	

料理名	エネルギー	たんぱく質	脂質	塩分	カルシウム	マグネシウム	鉄	亜鉛	ビタミン				食物繊維
	kcal	g	g	g	mg	mg	mg	mg	A μgRE	B_1 mg	B_2 mg	C mg	g
ご飯	285	4.9	0.8	0	5	18	0.6	1.1	0	0.07	0.02	0	0.7
汁	78	2.8	2.1	1.5	49	27	0.9	0.3	39	0.05	0.02	7	1.9
かき揚	174	4.5	11.1	1.1	34	36	1.6	0.5	76	0.09	0.12	0	2.1
サラダ	21	1.0	1.0	0.3	24	29	0.8	0.3	140	0.04	0.08	14	1.3
くだもの	21	0.1	0.1	0	3	2	0.1	0	12	0.01	0.01	25	0.6
牛乳	138	6.8	7.8	0.2	227	21	0	0.8	78	0.08	0.31	2	0
合計	717	20.1	22.9	3.1	342	133	4.0	3.0	345	0.34	0.56	48	6.6

メッセージ

今日の主菜は「アサリのかき揚げ」です。長野県には海がないので、アサリを使う機会は比較的少ないですが、今日は珍しくかき揚げに入れてみました。海の幸のアサリとワカメ、山の幸のにんじんときのこの組み合わせも、かき揚げにするとおいしいですね。天つゆをつけて、サクサクのうちにいただきましょう。

ウナギちらし　きのこ汁　ツナ大豆サラダ　牛乳

献立名	食品番号	材料	分量（g）	作り方
ウナギちらし	1083	精白米	70	① 炊飯する。 ② 調味料で、合わせ酢を作る。 ③ ごまはから煎りする。 ④ ウナギを焼く。 ⑤ 炒り卵を作る。 ⑥ れんこんはいちょう切りにする。 ⑦ ⑥を調味料で、煮つける。 ⑧ えだまめはゆでて、冷却する。 ⑨ ①に②③④⑤⑦⑧の具を混ぜる。
		強化米	0.21	
	17015	酢	9	
	3003	上白糖	5	
	17012	食塩	0.8	
	5018	白いりごま	1	
	10070	ウナギのかば焼き・刻み	30	
	12004	鶏卵	10	
	17012	食塩	0.05	
	14008	炒め油	2	
	6317	れんこん	20	
	16025	みりん	2	
	17008	薄口しょうゆ	2	
	3003	上白糖	1	
	6017	むきえだまめ（冷）	5	
きのこ汁	17019	カツオ節（だし用）	2.5	① カツオ節でだしをとる。 ② えのきたけは 1/2 カット、しめじは小房分け、しいたけはせん切りに、白菜は短冊切りに、豆腐は角切りにする。 ③ 小松菜はざく切りにし、下ゆでする。 ④ ①に②を加えて、煮る。 ⑤ 調味料を加えて、味つけする。 ⑥ ③を加える。
	8001	えのきたけ	12	
	8016	しめじ	12	
	8011	生しいたけ	12	
	6086	小松菜	15	
	6233	白菜	25	
	4032	木綿豆腐	30	
	17008	薄口しょうゆ	2.8	
	17012	食塩	0.4	
		水	100	
ツナ大豆サラダ	4024	大豆（乾）	10	① 大豆は事前に洗って、もどしておく。 ② ①はかためにゆでて、冷却する。 ③ にんじんはせん切りに、キャベツは短冊切りに、きゅうりは小口切りに、たまねぎはスライスにする。 ④ ③とワカメをゆでて、冷却する。 ⑤ 調味料を合わせる。 ⑥ あえる。
	10263	ツナフレーク	10	
	6212	にんじん	5	
	6061	キャベツ	15	
	6065	きゅうり	10	
	6153	たまねぎ	3	
	9040	ワカメ（乾）	0.5	
	3003	上白糖	0.7	
	17008	薄口しょうゆ	2.2	
	17016	酢	2.5	
牛乳	13003	牛乳	206	

料理名	エネルギー	たんぱく質	脂質	塩分	カルシウム	マグネシウム	鉄	亜鉛	ビタミン				食物繊維
	kcal	g	g	g	mg	mg	mg	mg	A μgRE	B_1 mg	B_2 mg	C mg	g
ちらし	429	13.8	10.8	1.6	74	34	1.3	2.2	467	0.59	0.29	11	1.3
きのこ汁	42	4.5	1.5	0.9	77	24	1.0	0.4	41	0.11	0.16	12	2.0
サラダ	59	4.1	3.0	0.4	23	22	0.3	0.2	45	0.03	0.01	7	1.4
牛乳	138	6.8	7.8	0.2	227	21	0	0.8	78	0.08	0.31	2	0
合計	668	29.2	23.1	3.1	401	101	2.6	3.6	631	0.81	0.77	32	4.7

メッセージ

　ウナギというと「土用の丑の日」を思い浮かべる人が多いと思います。ビタミン類がたっぷり含まれているウナギが夏バテを防いでくれる…と言われているためですが、今日はその「ウナギ」でちらしずしを作りました。ビタミンA、B_1、B_2も多いですが、貧血を防いでくれる鉄分も多く含まれています。

麦ご飯　みそけんちん汁　**カツオのごまがらめ**　ほうれん草の磯マヨサラダ　牛乳

献立名	食品番号	材料	分量（g）	作り方
麦ご飯	1083	精白米	76	
	1007	米粒麦	4	
みそけんちん汁	17023	煮干し（だし用）	2	① 煮干しでだしをとる。 ② 大根、にんじん、里芋はいちょう切りに、ごぼうはささがき、長ねぎは小口切りに、ちくわは半月切りに、豆腐はさいの目切りにする。 ③ 油揚げは短冊切りにし、油抜きする。 ④ こんにゃくは短冊切りにし、下ゆでする。 ⑤ ①に根菜を加えて、煮る。 ⑥ ③④とちくわを加える。 ⑦ 豆腐を加える。 ⑧ 調味料を加えて、味つけする。 ⑨ 長ねぎを加える。
	6132	大根	25	
	6212	にんじん	13	
	6084	ごぼう	5	
	2010	里芋	15	
	6226	長ねぎ	8	
	4040	油揚げ	5	
	10381	ちくわ	5	
	2003	こんにゃく	10	
	4032	木綿豆腐	30	
	17045	白みそ	9	
	16001	酒	0.8	
		水	100	
カツオのごまがらめ	10087	カツオ・角切り	50	① しょうが、にんにくはすりおろす。 ② カツオに下味をつける。 ③ ②にでんぷんをつけて、油で揚げる。 ④ ごまはから煎りする。 ⑤ 調味料を加熱して、タレを作る。 ⑥ ④⑤で③をからめる。
	6103	しょうが	0.3	
	6223	にんにく	0.3	
	17007	濃口しょうゆ	2	
	16001	酒	0.8	
	2034	でんぷん	6	
	14003	揚げ油	3	
	5018	白すりごま	1.5	
	3004	三温糖	2.1	
	17007	濃口しょうゆ	3.2	
	16025	みりん	1	
		水	2.5	
	2034	でんぷん	0.2	
ほうれん草の磯マヨサラダ	6267	ほうれん草	25	① ほうれん草はざく切りに、にんじんはせん切りにする。 ② ①ともやし、コーンをゆでて、冷却する。 ④ あえる。
	6212	にんじん	3	
	6289	もやし	30	
	6177	ホールコーン（冷）	7	
	9004	のり・刻み	0.6	
	17042	マヨネーズ	3.5	
	17007	濃口しょうゆ	2.5	
牛乳	13003	牛乳	206	

料理名	エネルギー	たんぱく質	脂質	塩分	カルシウム	マグネシウム	鉄	亜鉛	ビタミン				食物繊維
	kcal	g	g	g	mg	mg	mg	mg	A μgRE	B_1 mg	B_2 mg	C mg	g
ご飯	285	4.8	0.8	0	5	18	0.6	1.1	0	0.06	0.02	0	0.7
汁	94	5.1	4.0	1.3	81	34	1.2	0.5	99	0.04	0.04	5	2.5
カツオ	175	13.5	8.9	0.9	29	33	1.4	0.7	10	0.06	0.07	1	0.4
サラダ	45	1.8	2.8	0.5	19	25	0.7	0.3	126	0.04	0.06	6	1.6
牛乳	138	6.8	7.8	0.2	227	21	0	0.8	78	0.08	0.31	2	0
合計	737	32.0	24.3	2.9	361	131	3.9	3.4	313	0.28	0.50	14	5.2

メッセージ

今日の主菜はもどりガツオを使った「カツオのごまがらめ」です。カツオに下味をつけて油で揚げてから、甘じょっぱいごまダレをからめてみました。カツオが苦手な人も食べやすいように工夫してあります。

カツオのおいしい時期には春と秋があります。春が旬の「初ガツオ」、秋が旬の「もどりガツオ」と呼び方も違います。

運動の秋、鉄分いっぱいのカツオを食べて、元気にからだを動かしましょう。

麦ご飯　みそ汁　**イワシのスペシャルソースかけ**　和風サラダ　りんご　牛乳

献立名	食品番号	材料	分量（g）	作り方
麦ご飯	1083	精白米	76	
	1006	押麦	4	
みそ汁	6132	大根	20	① カツオ節でだしをとる。
	6086	小松菜	10	② 小松菜はざく切りし、ゆでておく。
	6212	にんじん	5	③ 大根は千六本に、にんじんはいちょう切りにする。
	4042	凍り豆腐	3	
	17045	白みそ	10	④ ①に③と凍り豆腐を加えて煮る。
	17019	カツオ節（だし用）	1.5	⑤ みそで味をつけ、②を加える。
		水	170	
イワシのスペシャルソースかけ	1004	マイワシ	40	① イワシに塩・こしょうし、でんぷんをまぶして揚げる。
	17013	食塩	0.5	
	17064	白こしょう	0.08	② りんご、にんにく、しょうがをすりおろす。パセリ、トマトはサラダ油で炒め、調味料で味つけしてソースを作る。
	2034	でんぷん	10	
	14003	油	4	
	17007	濃口しょうゆ	2	③ ①のイワシに②のソースをかける。
	1623	酒	2	
	16023	みりん	2	
	16025	しょうが	0.5	
	14011	サラダ油	1	
	6239	パセリ	0.2	
	7148	りんご	2	
	6223	にんにく	0.5	
	6182	トマト	10	
	17015	酢	0.5	
	3004	三温糖	0.5	
和風サラダ	6016	キャベツ	30	① 野菜はすべてせん切りにし、ゆでて冷却する。
	6212	にんじん	3	
	6065	きゅうり	10	② ①をドレッシングであえる。
	6132	大根	20	
	14011	サラダ油	0.5	
	17007	濃口しょうゆ	2	
	3004	三温糖	0.5	
	17064	白こしょう	0.02	
りんご	7148	りんご	60	① 1/4 に切り分ける。
牛乳	13003	牛乳	206	

料理名	エネルギー	たんぱく質	脂質	塩分	カルシウム	マグネシウム	鉄	亜鉛	ビタミン				食物繊維
	kcal	g	g	g	mg	mg	mg	mg	A μgRE	B_1 mg	B_2 mg	C mg	g
麦ご飯	285	4.9	0.8	0	5	18	0.6	1.1	0	0.07	0.02	0	0.7
みそ汁	45	4.3	1.6	1.2	57	17	1.0	0.3	64	0.02	0.03	6	1.2
イワシ	212	10.2	12	1.0	43	19	1.2	0.6	26	0.02	0.03	2	0.1
和風サラダ	34	0.7	2.1	0.3	19	7	0.1	0.1	27	0.01	0.01	13	0.7
くだもの	32	0.1	0.1	0	2	2	0	0	1	0.01	0.01	2	0.9
牛乳	138	6.8	7.8	0.2	227	21	0	0.8	78	0.08	0.31	2	0
合計	746	27	24.4	2.7	353	84	2.9	2.9	196	0.21	0.41	25	3.6

メッセージ

イワシの臭みが苦手という人も、スペシャルソースをかけるときっとおいしく食べられると思います。
イワシには鉄が多く含まれています。鉄は成長期のみなさんにはとても大切な栄養素です。

麦ご飯　大根のみそ汁　**イワシのオーブン焼き**　小松菜のごま酢あえ　牛乳

献立名	食品番号	材料	分量（g）	作り方
麦ご飯	1083	精白米	80	
	1006	押麦	4	
大根のみそ汁	17023	煮干し（だし用）	2	① 煮干しでだしをとる。
	6132	大根	30	② 大根はせん切りに、白菜は短冊切りに、長ねぎは小口切りにする。
	6233	白菜	20	③ ①に大根、白菜を加えて、煮る。
	17045	白みそ	9	④ みそを加えて、味つけする。
	6226	長ねぎ	10	⑤ 凍り豆腐、長ねぎを加える。
	4042	凍り豆腐・刻み	2.5	
		水	140	
イワシのオーブン焼き	10047	イワシ・開き	50	① にんにくはすりおろし、パセリはみじん切りにする。
	17013	食塩	0.25	② イワシに下味をつける。
	17064	白こしょう	0.03	③ マヨネーズソースを混ぜ合わせる。
	1079	パン粉	9	④ 紙カップに②を入れ、上に③をのせる。
	6223	にんにく	0.8	⑤ 焼く。
	6239	パセリ	1.3	
	16010	白ワイン	5	
	17042	マヨネーズ	10	
		紙カップ		
小松菜のごま酢あえ	6086	小松菜	20	① 小松菜はざく切りに、にんじんはせん切りにする。
	6212	にんじん	5	② ①ともやし、ワカメをゆでて、冷却する。
	6291	もやし	30	③ ごまはから煎りする。
	9044	ワカメ（乾）	0.5	④ 調味料を合わせる。
	5018	白いりごま	1.5	⑤ あえる。
	5018	白すりごま	1	
	17008	薄口しょうゆ	3	
	17016	酢	2	
	3004	三温糖	0.75	
牛乳	13003	牛乳	206	

料理名	エネルギー	たんぱく質	脂質	塩分	カルシウム	マグネシウム	鉄	亜鉛	ビタミン				食物繊維
	kcal	g	g	g	mg	mg	mg	mg	AμgRE	B_1 mg	B_2 mg	C mg	g
ご飯	285	4.9	0.8	0	5	18	0.6	1.1	0	0.07	0.02	0	0.7
みそ汁	43	3.0	1.5	1.3	49	19	0.8	0.3	2	0.04	0.02	9	1.3
イワシ	219	11.4	15.1	0.7	43	22	1.1	0.1	29	0.02	0.14	1	0.5
あえ物	31	1.6	1.3	0.6	73	18	0.9	0.3	144	0.03	0.03	5	1.4
牛乳	138	6.8	7.8	0.2	227	21	0	0.8	78	0.08	0.31	2	0
合計	716	27.7	26.5	2.8	397	98	3.4	2.6	253	0.24	0.52	17	3.9

メッセージ

イワシはにんにくやワイン、マヨネーズを使って、においが苦手な人にも食べられるように工夫しました。鉄がたくさんとれます。小松菜は近くの農家で年間を通してたくさん作ってもらっています。地元でとれる野菜で貧血予防の鉄をいっぱいとりましょう。

麦ご飯　里芋のみそ汁　**サンマの塩焼き**　ごまあえ　お月見ゼリー　牛乳

献立名	食品番号	材料	分量（g）	作り方
麦ご飯	1083	精白米	77	
		強化米	0.23	
	1007	米粒麦	3	
里芋のみそ汁	17023	煮干し（だし用）	2	① 煮干しでだしをとる。
	2010	里芋	35	② 里芋と大根はいちょう切りに、長ねぎは小口切りに、小松菜はざく切りにする。
	6132	大根	25	
	6086	小松菜	8	③ 油揚げは短冊切りにし、油抜きする。
	6226	長ねぎ	5	④ ①に里芋と大根を加えて、煮る。
	4040	油揚げ	4	⑤ ③を加える。
	17045	白みそ	10.5	⑥ みそを加えて、味つけする。
		水	130	⑦ 小松菜と長ねぎを加える。
サンマの塩焼き	10173	サンマ・1/2 筒切り	50	① サンマを焼く。
	6132	大根	40	② 大根をすりおろし、調味料を加える。
	17008	薄口しょうゆ	3	③ ①に②を添える。
	17016	酢	0.3	
ごまあえ	6267	ほうれん草	30	① ほうれん草はざく切りに、白菜は短冊切りに、にんじんはせん切りにする。
	6233	白菜	30	
	6212	にんじん	8	② ①をゆでて、冷却する。
	5018	黒すりごま	2	③ ごまはから煎りする。
	3003	上白糖	1.5	④ 調味料を合わせる。
	17007	濃口しょうゆ	2.8	⑤ あえる。
お月見ゼリー		お月見ゼリー	50	
牛乳	13003	牛乳	206	

料理名	エネルギー	たんぱく質	脂質	塩分	カルシウム	マグネシウム	鉄	亜鉛	ビタミン				食物繊維
	kcal	g	g	g	mg	mg	mg	mg	AμgRE	B_1 mg	B_2 mg	C mg	g
ご飯	285	4.9	0.8	0	4	19	0.6	1.1	0	0.36	0.03	0	0.7
みそ汁	69	4.0	2.0	1.4	93	30	1.5	0.5	21	0.04	0.03	9	2.0
サンマ	169	9.7	12.3	0.7	27	20	0.8	0.5	7	0.02	0.13	5	0.6
あえ物	33	1.5	1.2	0.4	55	34	0.9	0.4	168	0.05	0.07	17	1.7
ゼリー	41	0	0.1	0	0	0	0	0	0	0	0	50	0
牛乳	138	6.8	7.8	0.2	227	21	0	0.8	78	0.08	0.31	2	0
合計	735	26.9	24.2	2.7	406	124	3.8	3.3	274	0.55	0.57	83	5.0

メッセージ

今日は十五夜の頃に旬を迎える里芋を献立に取り入れた、お月見献立です。お月さまが一番きれいな満月の夜に、収穫した野菜やだんご、ススキなどをお供えして、収穫を祝うのがお月見です。
私たちも食べ物や自然に感謝しながらいただきましょう。

中学校

麦ご飯　煮込みおでん　**丸干しイワシのから揚げ**　糸寒天のごま酢あえ　牛乳

献立名	食品番号	材料	分量（g）	作り方
麦ご飯	1083	精白米	95	
	1007	米粒麦	10	
煮込みおでん	17019	カツオ節（だし用）	1	① カツオ節と煮干しでだしをとる。
	17023	煮干し（だし用）	1	② 結び昆布は洗って、もどす。
	2010	里芋	30	③ さつま揚げは角切りに、里芋、にんじん、大根は乱切りにする。
	6212	にんじん	15	④ こんにゃくは乱切りにし、下ゆでする。
	6132	大根	40	⑤ ①と調味料を合わせ、硬いものから加えて、煮る。
	2003	こんにゃく	25	
	9017	結び昆布	3	
	4041	がんもどき	15	
	12003	うずら卵（水煮）	20	
	10386	さつま揚げ	10	
	3004	三温糖	1.8	
	17007	濃口しょうゆ	7	
	16025	みりん	1.2	
		水	50	
丸干しイワシのから揚げ	10052	マイワシ・丸干し	40	① 丸干しイワシに粉をまぶして、油で揚げる。
	2034	でんぷん	4	
		玄米粉	1	
	14005	揚げ油	5	
糸寒天のごま酢あえ	9027	糸寒天	1	① 糸寒天は洗って、もどす。
	6061	キャベツ	20	② キャベツ、にんじんはせん切りに、小松菜はざく切りに、えのきたけは 1/2 カットにする。
	6086	小松菜	20	③ ②をゆでて、冷却する。
	6212	にんじん	3	④ ささみは蒸して、冷却し、ほぐす。
	8001	えのきたけ	20	⑤ ごまはから煎りする。
	11227	鶏ささみ	7	⑥ 調味料を合わせる。
	5018	白すりごま	3	⑦ あえる。
	17007	濃口しょうゆ	2	
	17015	酢	2	
	3003	上白糖	0.4	
牛乳	13003	牛乳	206	

料理名	エネルギー	たんぱく質	脂質	塩分	カルシウム	マグネシウム	鉄	亜鉛	ビタミン				食物繊維
	kcal	g	g	g	mg	mg	mg	mg	Aμg RE	B_1 mg	B_2 mg	C mg	g
ご飯	338	5.8	0.9	0	5	25	0.9	1.4	0	0.10	0.03	0	1.4
おでん	137	7.7	6.2	1.8	112	55	1.8	0.9	212	0.10	0.14	8	3.4
イワシ	140	13.2	7.2	1.5	176	40	1.8	0.7	16	0	0.16	0	0
あえ物	42	3.5	1.7	0.3	88	23	1.2	0.3	16	0.10	0.09	16	2.8
牛乳	138	6.8	7.8	0.2	227	21	0	0.8	78	0.08	0.31	2	0
合計	795	37.0	23.8	3.8	608	164	5.7	4.1	322	0.38	0.73	26	7.6

メッセージ

丸干しイワシのから揚げは、イワシを食べやすいように頭や内臓をとって加工したものを使いました。小さいのでパクリと丸ごとよくかんで食べましょう。ここ数年イワシのとれる量も少なく、予定していても使えないこともあるくらいです！　骨まで食べるのでカルシウムや不足しがちな鉄がたっぷりとれます。成長期の中学生にはとても貴重な食品です。進んで食べるようにしましょう。
寒くなってきたので温かいおでんはおいしいですね。からだも心もホットに温まりましょう。

麦ご飯　いもの子汁　**イワシの牛乳みそ煮**　にんじんサラダ　牛乳

献立名	食品番号	材料	分量（g）	作り方
麦ご飯	1083	精白米	66.5	
	1006	押麦	3.5	
		強化米	0.21	
いもの子汁	17019	カツオ節（だし用）	2	① カツオ節でだしをとる。 ② しいたけはもどしてスライスする。 ③ ごぼうは半月切りに、にんじんはいちょう切りに、里芋は一口大に、長ねぎは小口切りに、小松菜と白菜はざく切りにする。 ④ 豚肉、ごぼう、にんじんを炒めて、里芋と①②を入れる。 ⑤ 小松菜は、ゆでて冷ましておく。 ⑥ 他の具をいれ、味つけをする。 ⑦ 最後に小松菜を入れる。 ＊ 水溶きでんぷんでとろみをつけても OK。
	14011	炒め油	1	
	11155	豚もも肉・一口大	10	
	6084	ごぼう	7	
	6212	にんじん	10	
	2010	里芋	30	
	8013	しいたけ（乾）	1	
	8016	しめじ	10	
	4032	木綿豆腐・角切り	20	
	6226	長ねぎ	20	
	6086	小松菜	10	
	6233	白菜	20	
	17007	濃口しょうゆ	1	
	17008	薄口しょうゆ	3.5	
	16001	酒	1	
	17012	食塩	0.36	
		水	80	
イワシの牛乳みそ煮	10047	マイワシ	55	① 調味料を煮立て、イワシと、うすくスライスしたしょうがを入れて 30 ～ 40 分煮る。 ② 火をとめてから、しばらくそのままにして味をしみ込ませる。
	6103	しょうが	1	
	17046	赤みそ	5	
	3007	ざらめ糖	4	
	16001	酒	2	
	13003	牛乳	4	
	16025	みりん	1.5	
にんじんサラダ	6212	にんじん	30	① にんじんと大根はせん切りにして、さっとゆで、冷却する。 ② ごまはから煎りしておく。 ③ パセリはみじん切りにする。 ④ ドレッシングを作り、あえる。
	6132	大根	20	
	5018	いりごま	1.5	
	14001	オリーブ油	2	
	17015	酢	2	
	17012	食塩	0.4	
	17064	白こしょう	0.05	
	6239	パセリ	1	
牛乳	13003	牛乳	206	

料理名	エネルギー	たんぱく質	脂質	塩分	カルシウム	マグネシウム	鉄	亜鉛	ビタミン				食物繊維
	kcal	g	g	g	mg	mg	mg	mg	AμgRE	B_1 mg	B_2 mg	C mg	g
ご飯	250	4.3	0.6	0	4	16	0.5	0.9	0	0.30	0.02	0	0.6
汁	77	5.1	2.6	1.1	67	27	0.9	0.5	202	0.17	0.08	8	2.6
みそ煮	154	11.5	8.0	0.5	47	21	1.2	0.6	24	0.01	0.15	0	0.3
サラダ	38	0.5	2.5	0.4	25	8	0.3	0.2	462	0.02	0.01	3	1.1
牛乳	138	6.8	7.8	0.2	227	21	0	0.8	78	0.08	0.31	2	0
合計	657	28.2	21.5	2.2	370	93	2.9	3.0	766	0.58	0.57	13	4.6

メッセージ

いもの子汁の「いもの子」は、「親いもについている小さないも」、または「里芋」のことです。野菜もきのこもたっぷり入っているので食物繊維がたくさんとれます。
イワシの牛乳みそ煮は鉄分・カルシウムがたくさんとれる料理としておすすめの一品です。

ワカメご飯　チンゲン菜のスープ　**サバのあんかけ**　ほうれん草のあえ物　牛乳

献立名	食品番号	材料	分量（g）	作り方
ワカメご飯	1083	精白米	70	① 炊飯する。 ② ①に炊き込みワカメを混ぜる。
		強化米	0.2	
	1007	米粒麦	3.5	
		炊き込みワカメ	1.75	
チンゲン菜のスープ	17024	鶏ガラ（だし用）	7	① 鶏ガラは香味野菜と一緒にだしをとる。 ② しいたけときくらげは洗って、もどす。 ③ 豆腐は角切りに、にんじんは短冊切りに、たまねぎはスライス、白菜とチンゲン菜はざく切りに、しいたけときくらげはせん切りにする。 ④ ①ににんじんとたまねぎを加えて、煮る。 ⑤ 豆腐、うずらの卵、白菜、きのこを加える。 ⑥ 調味料を加えて、味つけする。 ⑦ チンゲン菜を加える。
	6103	しょうが	0.2	
	6226	長ねぎ	0.3	
	4032	木綿豆腐	25	
	12003	うずらの卵（水煮）	15	
	6212	にんじん	7	
	6153	たまねぎ	17	
	6233	白菜	20	
	6160	チンゲン菜	20	
	8013	しいたけ（乾）	0.7	
	8006	きくらげ（乾）	0.5	
	17008	薄口しょうゆ	3.7	
	16001	酒	0.4	
	17012	食塩	0.25	
	17065	こしょう	0.03	
		水	100	
サバのあんかけ	10154	サバ・切り身	50	① しょうがはすりおろし、にんじんはせん切りに、たまねぎはスライスにする。 ② サバに下味をつける。 ③ ②を焼く。 ④ にんじん、たまねぎを煮る。 ⑤ ④に調味料を加えて、味つけする。 ⑥ 水溶きでんぷんでとろみをつけて、タレを作る。 ⑦ ⑥を③にかける。 ＊ お好みでごま油を加えると中華風のあんになる。
	6103	しょうが	0.5	
	17007	濃口しょうゆ	5	
	16025	みりん	1.2	
	16001	酒	1.2	
	6212	にんじん	2	
	6153	たまねぎ	8	
	17007	濃口しょうゆ	1.5	
	16025	みりん	1.8	
	3004	三温糖	1.8	
	2034	でんぷん	0.2	
		水	5	
ほうれん草のあえ物	6212	にんじん	3	① にんじんは短冊切りに、ほうれん草はざく切りにする。 ② ①ともやしをゆでて、冷却する。 ③ ごまはから煎りする。 ④ 調味料を合わせる。 ⑤ あえる。
	6267	ほうれん草	35	
	6291	もやし	20	
	5018	白いりごま	0.8	
	3003	上白糖	1.4	
	17008	薄口しょうゆ	1.9	
	17015	酢	1.9	
	14002	ごま油	1.3	
牛乳	13003	牛乳	206	

料理名	エネルギー	たんぱく質	脂質	塩分	カルシウム	マグネシウム	鉄	亜鉛	ビタミン				食物繊維
	kcal	g	g	g	mg	mg	mg	mg	AμgRE	B1 mg	B2 mg	C mg	g
ご飯	265	4.9	0.6	0	25	414	0.8	1.0	33	0.12	0.03	1	1.5
スープ	37	2.7	1.1	0.9	72	20	0.6	0.2	196	0.05	0.05	9	1.8
サバ	126	11.0	6.1	1.1	9	21	0.7	0.5	42	0.08	0.15	1	0
あえ物	34	1.4	1.8	0.3	30	30	0.9	0.3	290	0.05	0.08	14	1.5
牛乳	138	6.8	7.8	0.2	227	21	0	0.8	78	0.08	0.31	2	0
合計	600	26.8	17.4	2.5	363	506	3.0	2.8	639	0.38	0.62	27	4.8

メッセージ

ほうれん草は冬が旬の野菜で、栄養価がグッと高まっておいしい時期です。ビタミンCはみかんよりも多く、7~8株を食べると一日に必要な量を満たしてしまうほどで、風邪予防にも効果的です。また、血液をつくるもとになる「鉄」がとても多く含まれていて、新鮮な酸素や栄養素をからだの隅々まで運んでくれるので、力がわいてきます。しかも、ビタミンCが鉄の吸収を助けてくれるので効果は倍増です。ほうれん草は風邪や貧血を予防し、スタミナをアップしてくれる頼もしい味方ですね。

貧血の話 —その2—

貧血の原因は？

どうして貧血になってしまうのかしら…

朝食を抜いたり、加工食品のとり過ぎなどで栄養バランスの悪い食事を続けていると、貧血になります。

貧血のほとんどが鉄分の不足による鉄欠乏性貧血ですが、まれに血液の病気や胃腸が悪いことなどが原因になることもあります。

そういえば最近食事のバランス悪かったかも…

貧血にならないためには…？

貧血7つの戒め

- **ち** 朝食抜き
  3食きちんと食べましょう
- **が** 学校給食嫌い
  残さず、しっかり食べましょう
- **へ** 偏食
  好き嫌いしないで
- **り** 両親の無関心
- **ば** バラバラな食生活
  家族そろって食べましょう
- **て** 鉄分不足
  鉄分の多い食品を食卓に!!
- **る** るいそう（やせ）願望
  「やせた～い」はダメョ

貧血を防ぐにはまず食事に注意しなければなりません。また、胃腸の働きが弱くならないように飲み過ぎ、食べ過ぎにも気をつけ、バランスのとれた食事を心掛けましょう。

鉄分不足は、食品から補いましょう!!

ほかに鉄の吸収を助ける「たんぱく質」や「ビタミンC」を含む食べ物もしっかり食べましょう。

貧血を防ぐには…

◇規則正しい生活・3食きちんと食べる・適度な運動と休養が大切です。

麦ご飯　たまごスープ　**豚レバーの彩色あえ**　春キャベツのサラダ　いちご　牛乳

献立名	食品番号	材料	分量（g）	作り方
麦ご飯	1083	精白米	76	
		強化米	0.2	
	1006	押麦	4	
たまごスープ	12004	鶏卵	20	① えのきたけは1/2カット、長ねぎは小口切りにする。 ② ほうれん草はざく切りにし、下ゆでする。 ③ えのきたけとハムを煮る。 ④ 調味料を加えて、味つけする。 ⑤ 溶き卵を流し入れる。 ⑥ ②と長ねぎを加える。
	8001	えのきたけ	10	
	6267	ほうれん草	15	
	11176	ロースハム・せん切り	5	
	6226	長ねぎ	8	
	17027	コンソメ	1	
	17012	食塩	0.9	
	17065	こしょう	0.01	
		水	160	
豚レバーの彩色あえ	11166	豚レバー・薄切り	40	① 豚レバーは牛乳とカレー粉に漬けて、臭みをとる。 ② ①にでんぷんをつけて、油で揚げる。 ③ にんじん、ピーマン、じゃがいもは乱切りにする。 ④ ③を油で素揚げにする。 ⑤ 調味料を加熱して、タレを作る。 ⑥ ⑤で②④をからめる。
	13003	牛乳	4	
	17061	カレー粉	0.4	
	2034	でんぷん	8	
	6212	にんじん	10	
	6245	ピーマン	15	
	2017	じゃがいも	10	
	14005	揚げ油	7	
	17036	ケチャップ	6	
	17002	中濃ソース	1.1	
	17045	白みそ	3	
	3004	三温糖	1	
		水	3	
春キャベツのサラダ	6061	キャベツ	30	① キャベツ、きゅうり、にんじんはせん切りに、ブロッコリーは小房分けにする。 ② ①ともやしをゆでて、冷却する。 ③ 調味料を合わせる。 ④ あえる。
	6065	きゅうり	10	
	6214	にんじん	5	
	6263	ブロッコリー	20	
	6291	もやし	15	
	14004	サフラワー油	1	
	17012	食塩	0.5	
	17015	酢	2	
	7156	レモン果汁	2	
	17065	こしょう	0.01	
いちご	7012	いちご（2個）	30	
牛乳	13003	牛乳	206	

料理名	エネルギー	たんぱく質	脂質	塩分	カルシウム	マグネシウム	鉄	亜鉛	ビタミン				食物繊維
	kcal	g	g	g	mg	mg	mg	mg	Aμg RE	B_1 mg	B_2 mg	C mg	g
ご飯	286	4.9	0.8	0	5	19	0.6	1.1	0	0.32	0.03	0	0.7
スープ	49	4.0	2.9	1.5	20	16	0.8	0.6	83	0.08	0.15	9	1.0
レバー	167	9.2	8.6	0.7	16	17	5.5	2.8	5284	0.16	1.44	24	1.0
サラダ	30	1.7	1.2	0.5	26	13	0.3	0.2	55	0.05	0.06	39	1.8
くだもの	10	0.3	0	0	5	4	0.1	0.1	0	0.01	0.01	19	0.4
牛乳	138	6.8	7.8	0.2	227	21	0	0.8	78	0.08	0.31	2	0
合計	680	26.9	21.3	2.9	299	90	7.3	5.6	5500	0.70	2.00	93	4.9

メッセージ

今日のレバーはカレー粉と牛乳に漬けて臭みをとり、食べやすくなるように工夫しました。また、彩りのよい野菜と一緒にあえたので見た目もきれいですね。レバーが苦手な人もいると思いますが、一口は食べてみてください。きっと今日はおいしく食べられると思いますよ。

麦ご飯　沢煮椀　**鶏レバーの揚げ煮**　うどの酢みそあえ　いちご　牛乳

献立名	食品番号	材料	分量（g）	作り方
麦ご飯	1083	精白米	76	
		強化米	0.24	
	1006	押麦	4	
沢煮椀	17019	カツオ節（だし用）	2	① カツオ節でだしをとる。 ② ごぼうはささがき、たけのことしいたけはせん切りにする。 ③ ①に②を加えて、煮る。 ④ 調味料を加えて、味つけする。 ⑤ かまぼことさやえんどうを加える。
	6084	ごぼう	20	
	6151	たけのこ（水煮）	30	
	8011	生しいたけ	10	
	10379	糸かまぼこ	10	
	6021	さやえんどう（冷）	5	
	17008	薄口しょうゆ	5	
	17012	食塩	0.1	
	17064	白こしょう	0.02	
		水	140	
鶏レバーの揚げ煮	11232	鶏レバー・一口大	20	① 鶏レバーはしょうがと一緒にゆでこぼす。 ② ①に調味料を加えて味つけし、煮る。 ③ じゃがいもとにんじんは厚めのいちょう切りにする。 ④ ③を油で素揚げにする。 ⑤ 豚肉に下味をつける。 ⑥ ⑤にでんぷんをつけて、油で揚げる。 ⑦ グリンピースをゆでて、冷却する。 ⑧ 調味料を加熱して、タレをつくる。 ⑨ ⑧に②④⑥⑦を加える。
	6103	しょうが	0.5	
	3004	三温糖	2.3	
	17007	濃口しょうゆ	2.3	
	2017	じゃがいも	35	
	6212	にんじん	18	
	11131	豚もも肉・角切り	20	
	16001	酒	0.8	
	17008	薄口しょうゆ	0.8	
	2034	でんぷん	3	
	14004	揚げ油	3.5	
	6025	グリンピース（冷）	4	
	3004	三温糖	2.4	
	17007	濃口しょうゆ	3	
うどの酢みそあえ	6012	うど	10	① うどは薄く切って酢水にさらす。 ② キャベツは短冊切りに、きゅうりは小口切りに、えのきたけは1/2にカットする。 ③ ①②をゆでて、冷却する。 ④ イカは蒸して、冷却する。 ⑤ 調味料を合わせる。 ⑥ あえる。
	6065	きゅうり	15	
	6061	キャベツ	20	
	8001	えのきたけ	10	
	10342	イカ・スライス	15	
	17044	甘みそ	6	
	3003	上白糖	2.7	
	17015	酢	2.5	
	17057	粉からし	0.03	
いちご	7012	いちご（2個）	30	
牛乳	13003	牛乳	206	

料理名	エネルギー	たんぱく質	脂質	塩分	カルシウム	マグネシウム	鉄	亜鉛	ビタミン				食物繊維
	kcal	g	g	g	mg	mg	mg	mg	Aμg RE	B_1 mg	B_2 mg	C mg	g
ご飯	286	4.9	0.8	0	5	19	0.6	1.1	0	0.37	0.03	0	0.7
沢煮椀	43	3.8	0.3	1.2	22	22	0.4	0.4	2	0.05	0.07	3	2.5
レバー	155	9.4	5.3	1.0	11	23	2.2	1.2	2930	0.32	0.04	18	1.2
あえ物	47	4.4	0.6	0.8	21	19	0.4	0.4	6	0.03	0.04	10	1.4
くだもの	10	0.3	0	0	5	4	0.1	0.1	0	0.01	0.01	19	0.4
牛乳	138	6.8	7.8	0.2	227	21	0	0.8	78	0.08	0.31	2	0
合計	679	29.6	14.8	3.2	291	108	3.7	4.0	3016	0.86	0.50	52	6.2

メッセージ

春は、たけのこ、生しいたけが盛んに出回っています。そんな野菜を使った「沢煮椀」です。
うども春が旬の野菜です。春らしい香りがしますね。今日は酢みそあえにしました。
レバーは鉄分が多く含まれているので貧血によい食品です。レバーが苦手な人でも甘辛く、おいしく煮つけてあるので、食べやすいと思いますよ。

中学校

麦ご飯　具だくさん春のみそ汁　**鶏肉のレモンソースがけ**　ヒジキの煮物　いよかん　牛乳

献立名	食品番号	材料	分量（g）	作り方
ご飯	1083	精白米	100	
	1006	押麦	5	
具だくさん春のみそ汁	6036	かぶ	30	① かぶはいちょう切りに、たまねぎはくし形切りに、にらは 2cmくらいのざく切りにする。 ② 油揚げは油抜きをして拍子木切りにする。 ③ 煮干しでだしをとる。 ④ かぶ、たまねぎ、油揚げの順に入れ、みそを入れてみそ汁を作る。仕上げににらを入れる。
	6153	たまねぎ	30	
	6207	にら	10	
	4040	油揚げ	5	
	17045	白みそ	8	
	10052	煮干し（だし用）	2	
		水	120	
鶏肉のレモンソースがけ	11216	鶏もも肉	70	① 鶏肉はでんぷんをつけて揚げる。 ② レモン果汁、しょうゆ、砂糖、でんぷんでソースを作る。様子を見ながら水（分量外）を加える。 ③ ①に②をかけて仕上げる。
	2034	でんぷん	7	
	14003	揚げ油	7	
	7156	レモン果汁	2.5	
	17011	白しょうゆ	3	
	3004	三温糖	3	
	2034	でんぷん	0.4	
ヒジキの煮物	2003	こんにゃく	15	① ヒジキはもどす。 ② こんにゃくは短冊切りに、にんじんはせん切りにする。 ③ こんにゃく、さやえんどうをゆでる。 ④ 大豆はもどしゆでる。 ⑤ 豚肉、にんじん、ヒジキを炒め、適度に煮えたらこんにゃく、大豆を加え調味料で味をつける。 ⑥ せん切りにしたさやえんどうを入れ仕上げる。
	9031	芽ヒジキ（乾）	2	
	11116	豚かた肉・一口大	10	
	6214	にんじん	5	
	4023	大豆（乾）	10	
	6020	さやえんどう	15	
	14003	炒め油	0.5	
	16023	酒	0.5	
	17007	濃口しょうゆ	3	
	16025	みりん	1	
	3004	三温糖	1.5	
	17012	食塩	0.05	
		水	15	
いよかん	7018	いよかん	50	① 1/4 に切り分ける。
牛乳	13003	牛乳	206	

料理名	エネルギー	たんぱく質	脂質	塩分	カルシウム	マグネシウム	鉄	亜鉛	ビタミン				食物繊維
	kcal	g	g	g	mg	mg	mg	mg	AμgRE	B_1 mg	B_2 mg	C mg	g
ご飯	86	7.2	3.3	1.4	38	13	0.7	0.5	228	0.07	0.16	7	1.0
みそ汁	86	7.2	3.3	1.4	38	13	0.7	0.5	228	0.07	0.16	7	1.0
鶏肉	200	5.5	10.4	0.5	7	16	1.5	1.6	12	0.07	0.22	2	0
煮物	62	4.5	2.3	0.6	49	32	1.6	0.8	84	0.12	0.09	7	2.5
くだもの	23	0.5	0.1	0	9	7	0.1	0.1	7	0.03	0.02	18	0.6
牛乳	138	6.8	7.8	0.2	227	21	0	0.8	78	0.08	0.31	2	0
合計	595	31.7	27.2	4.1	368	102	4.6	4.3	637	0.44	0.96	43	5.1

メッセージ

肉類には、鉄が多く含まれています。特に多いのがレバーです。今日は鶏もも肉を使ったレモンソースがけを作りました。みなさんの大好きな料理ですね。鶏肉の中では、もも肉に鉄が多く含まれ、むね肉やささみ肉にはあまり含まれていません。

からだの中の鉄が不足すると、気分が悪くなったり、貧血の症状が出てくることがあります。ほとんどのみなさんが鶏肉が好きだと思いますが、ほかにも鉄を多く含む魚や野菜があるので、好き嫌いなく何でも食べることが大切です。

麦ご飯　夏野菜汁　**鶏肉の照り焼き**　新じゃがの煮つけ　ミニトマト　牛乳

献立名	食品番号	材料	分量（g）	作り方
麦ご飯	1083	精白米	65	
	1007	米粒麦	15	
夏野菜汁	17023	煮干し（だし用）	2	① 煮干しでだしをとる。 ② たまねぎはスライス、ゆうがお、なすは厚めのいちょう切りに、おくらは小口切りに、みょうがはせん切りにする。 ③ 油でたまねぎを炒める。 ④ ①を加えて、煮る。 ⑤ ゆうがお、なすを加える。 ⑥ 調味料を加えて、味つけする。 ⑦ おくら、みょうがを加える。
	14003	炒め油	1.5	
	6153	たまねぎ	30	
	6173	ゆうがお	25	
	6191	なす	25	
	6032	おくら	10	
	6280	みょうが	1	
	17045	白みそ	9	
	3004	三温糖	0.2	
	16001	酒	2	
		水	110	
鶏肉の照り焼き	11221	鶏もも肉・一口大	50	① にんにくはすりおろす。 ② 鶏もも肉をにんにくと調味料に漬け込む。 ③ 焼く。
	6223	にんにく	0.5	
	16001	酒	1	
	16025	みりん	1	
	17007	濃口しょうゆ	3	
新じゃがの煮つけ	17019	カツオ節（だし用）	1	① カツオ節でだしをとる。 ② ちくわ、にんじん、たけのこは乱切りに、じゃがいもは一口大に切る。 ③ さやえんどうは下ゆでする。 ④ ①に材料を加えて、煮る。 ⑤ 調味料を加えて、味つけする。 ⑥ ③を加える。
	4041	がんもどき	10	
	10381	ちくわ	8	
	2017	じゃがいも	35	
	6212	にんじん	10	
	6020	さやえんどう	8	
	6151	たけのこ（水煮）	10	
	3004	三温糖	1.6	
	16001	酒	0.8	
	16025	みりん	2.4	
	17008	薄口しょうゆ	4.8	
		水	40	
ミニトマト	6183	ミニトマト（3個）	30	
牛乳	13003	牛乳	206	

料理名	エネルギー	たんぱく質	脂質	塩分	カルシウム	マグネシウム	鉄	亜鉛	ビタミン				食物繊維
	kcal	g	g	g	mg	mg	mg	mg	A μgRE	B_1 mg	B_2 mg	C mg	g
ご飯	282	5.1	0.9	0	6	19	0.7	1.1	0	0.08	0.02	0	1.6
野菜汁	58	2.0	2.0	1.1	34	21	0.8	0.4	8	0.03	0.03	14	2.3
鶏肉	106	8.3	7.0	0.5	4	12	0.3	0.8	20	0.04	0.10	2	0
煮物	85	4.0	2.0	1.1	38	23	0.8	0.3	80	0.05	0.04	17	1.3
ミニトマト	9	0.3	0	0	4	4	0.1	0.1	24	0.02	0.02	10	0.4
牛乳	138	6.8	7.8	0.2	227	21	0	0.8	78	0.08	0.31	2	0
合計	678	26.5	19.7	2.9	313	100	2.7	3.5	210	0.30	0.52	45	5.6

メッセージ

今日の煮つけは、春が旬の新じゃがを使いました。とれたばかりのおいしいじゃがいもです。一口大の小いもだけを使った、食べやすい煮物です。新じゃがのホクホク感を味わってください。

中学校

麻婆なす丼　かぼちゃのみそ汁　ゆうがおの吉野煮　プルーン　牛乳

献立名	食品番号	材料	分量（g）	作り方
麻婆なす丼	1083	精白米	100	① なすは縦8等分に切り、素揚げする。
	1007	米粒麦	5	② ピーマンはせん切りにし、下ゆでする。
	6191	なす	50	③ にんじんは短冊切りに、たまねぎと長ねぎはみじん切りにする。
	14003	揚げ油	4	④ しょうがとにんにくはすりおろす。
	6245	ピーマン	5	⑤ 油で④と豚ひき肉、たまねぎを炒める。
	6226	長ねぎ	10	⑥ にんじんを加えて、煮る。
	14003	炒め油	0.8	⑦ 合わせ調味料を加えて味つけする。
	11163	豚ひき肉	20	⑧ ①と長ねぎを加える。
	6103	しょうが	0.3	⑨ 水溶きでんぷんでとろみをつける。
	6223	にんにく	0.5	⑩ 七味唐辛子、ごま油、ピーマンを加える。
	6153	たまねぎ	20	
	6212	にんじん	5	
	3004	三温糖	1.5	
	17045	白みそ	3	
	16003	酒	0.75	
	17007	濃口しょうゆ	2	
	17025	鶏ガラスープ	0.8	
	17031	オイスターソース	1.5	
	17004	トウバンジャン	0.4	
	17012	食塩	0.1	
	17064	白こしょう	0.02	
	2034	でんぷん	1	
	17073	七味唐辛子	0.05	
	14002	ごま油	0.3	
かぼちゃのみそ汁	17023	煮干し（だし用）	2	① 煮干しでだしをとる。
	6048	かぼちゃ	25	② かぼちゃはいちょう切りに、たまねぎは角切りにする。
	6153	たまねぎ	25	③ 油揚げは短冊切りにし、油抜きする。
	6086	小松菜	10	④ ①に②③を加えて、煮る。
	4040	油揚げ	10	⑤ みそを加えて、味つけする。
	17045	白みそ	11	
		水	110	
ゆうがおの吉野煮	17019	カツオ節（だし用）	0.6	① カツオ節でだしをとる。
	11220	鶏もも肉・こま切れ	20	② ゆうがおは皮をむき種を取り短冊切りに、厚揚げは厚さ1㎝の短冊切りにする。
	2003	こんにゃく	15	③ いんげんは斜め切りにし、下ゆでする。
	6173	ゆうがお	50	④ こんにゃくは短冊切りにして、下ゆでする。
	4039	厚揚げ	20	⑤ だし汁で④、ゆうがお、鶏肉を煮る。
	6010	モロッコいんげん	8	⑥ 調味料を加えて、味つけする。
	3004	三温糖	1	⑦ 厚揚げを加える。
	16025	みりん	2	⑧ 水溶きでんぷんでとろみをつける。
	17008	薄口しょうゆ	2.8	⑨ ③を加える。
	17012	食塩	0.2	
	2034	でんぷん	1	
		水	40	
プルーン	7081	プルーン	60	
牛乳	13003	牛乳	206	

料理名	エネルギー	たんぱく質	脂質	塩分	カルシウム	マグネシウム	鉄	亜鉛	ビタミン				食物繊維
	kcal	g	g	g	mg	mg	mg	mg	AμgRE	B_1 mg	B_2 mg	C mg	g
丼	508	11.8	9.4	1.1	29	46	1.4	2.1	46	0.25	0.09	9	2.8
みそ汁	95	4.5	4.3	1.6	72	33	1.3	0.5	109	0.07	0.04	17	2.1
煮物	79	7.6	2.8	0.7	72	25	0.8	0.4	6	0.05	0.06	22	1.3
くだもの	29	0.4	0.1	0	4	4	0.1	0.1	24	0.02	0.02	2	1.1
牛乳	138	6.8	7.8	0.2	227	21	0	0.8	78	0.08	0.31	2	0
合計	849	31.1	24.4	3.6	404	129	3.6	3.9	263	0.47	0.52	52	7.3

メッセージ

今日は地元の夏野菜を取り入れた季節感のある献立です。夏しかお目にかかれないゆうがおにとろみをつけた吉野煮は、涼しげな煮物で夏にぴったりです。夏休み中にたくさんとれたかぼちゃは、みそ汁で食べてもおいしいですね。プルーンはまだちょっと早いので甘みがもう少しほしいですが、季節先取りです。夏の味、地域の味をありがたくいただきましょう。

中学校
麦ご飯　みそワンタンスープ　**豚レバーの炒め物**　ツナコーンサラダ　牛乳

献立名	食品番号	材料	分量（g）	作り方
麦ご飯	1083	精白米	100	
		強化米	0.32	
	1007	米粒麦	5	
みそワンタンスープ	14003	炒め油	0.8	① にんじんはいちょう切りに、長ねぎは斜め小口切りに、にらは 2cmカットに、ワンタンの皮は 1/4 カットにする。 ② 油で豚ひき肉とにんじんを炒める。 ③ もやしとメンマを加え、水を入れる。 ④ 調味料を加えて、味つけする。 ⑤ ワンタンの皮を加える。 ⑥ 長ねぎとにらを加える。
	11163	豚ひき肉	8	
	6212	にんじん	8	
	6289	もやし	30	
	6152	味つけメンマ・短冊切り	12	
		ワンタンの皮	10	
	6226	長ねぎ	10	
	6207	にら	5	
	17027	中華スープ	0.9	
	17045	白みそ	4	
	17004	トウバンジャン	0.3	
	17012	食塩	0.2	
	17064	白こしょう	0.02	
		水	140	
豚レバーの炒め物	11166	豚レバー・薄切り	50	① しょうがとにんにくはみじん切りに、にんにくの芽は 2cmカットにする。 ② 豚レバーに下味をつける。 ③ ②にでんぷんをつけて、油で揚げる。 ④ にんにくの芽は、油で素揚げする。 ⑤ 調味料を加熱して、タレを作る。 ⑥ ⑤に③④を加える。
	6103	しょうが	0.5	
	6223	にんにく	1	
	17007	濃口しょうゆ	5	
	16001	酒	1	
	2034	でんぷん	8	
	6224	にんにくの芽	15	
	14003	揚げ油	4.2	
	5018	白すりごま	2	
	3004	三温糖	4	
	16025	みりん	2	
	17008	薄口しょうゆ	3	
ツナコーンサラダ	10260	ツナフレーク	10	① キャベツは短冊切りに、きゅうりは小口切りに、ブロッコリーは小房分けに、ワカメはもどす。 ② ①とコーンをゆでて、冷却する。 ③ 調味料を合わせる。 ④ ツナフレークと②③をあえる。
	6177	ホールコーン	10	
	6061	キャベツ	20	
	9044	カットワカメ	1.5	
	6065	きゅうり	5	
	6263	ブロッコリー	5	
	17015	酢	3	
	17008	薄口しょうゆ	2	
	17012	食塩	0.18	
	17064	白こしょう	0.02	
	14003	米ぬか油	3	
牛乳	13003	牛乳	206	

料理名	エネルギー	たんぱく質	脂質	塩分	カルシウム	マグネシウム	鉄	亜鉛	ビタミン				食物繊維
	kcal	g	g	g	mg	mg	mg	mg	A μgRE	B_1 mg	B_2 mg	C mg	g
ご飯	374	6.5	1.0	0	6	24	0.9	1.5	0	0.49	0.04	0	0.9
スープ	82	3.9	2.5	1.3	2	12	0.5	0.4	77	0.06	0.05	4	1.8
レバー	177	11.5	7.0	1.3	37	25	6.9	3.6	6500	0.20	1.83	18	0.9
サラダ	55	2.9	3.4	0.9	26	18	0.4	0.3	10	0.03	0.03	16	1.4
牛乳	138	6.8	7.8	0.2	227	21	0	0.8	78	0.08	0.31	2	0
合計	826	31.6	21.7	3.7	298	100	8.7	6.6	6665	0.86	2.26	40	5.0

メッセージ

　レバーにはたくさんの鉄が含まれています。鉄が不足すると貧血になりやすくなってしまいます。鉄は、普段の食事ではなかなかとりにくい栄養素です。
　ビタミンCと一緒に食べると鉄の吸収がよくなるので、ビタミンCがたっぷり含まれているブロッコリーを使ったサラダと組み合わせました。

麦ご飯　**牛肉とほうれん草のカレー**　ヒジキのサラダ　プルーン　牛乳

献立名	食品番号	材料	分量（g）	作り方
麦ご飯	1083	精白米	76	
		強化米	0.24	
	1007	米粒麦	4	
牛肉と ほうれん草の カレー	6267	ほうれん草	25	① しょうがとにんにくはすりおろし、たまねぎはくし形切りに、にんじんとじゃがいもは一口大にカットする。
	14005	炒め油	1	
	11030	牛かた肉・こま切れ	40	
	6103	しょうが	0.5	② ほうれん草はざく切りにし、下ゆでする。
	6223	にんにく	0.5	③ 油で①と牛肉を炒める。
	6153	たまねぎ	35	④ 水を加えて煮る。
	6212	にんじん	10	⑤ 調味料を加えて、味つけする。
	2017	じゃがいも	25	⑥ ②を加える。
	17036	ケチャップ	3	
	17002	中濃ソース	2	
	3004	三温糖	0.5	
		チャツネ	2	
	17051	カレールウ	15	
		水	90	
ヒジキのサラダ	9031	芽ヒジキ（乾）	1.5	① ヒジキと切り干し大根は洗って、もどす。
	6136	切り干し大根	3	② きゅうりはせん切りに、かまぼこは短冊切りにする。
	6065	きゅうり	15	
	10379	かまぼこ	5	③ ①ときゅうりをゆでて、冷却する。
	17008	薄口しょうゆ	3	④ かまぼこは蒸して、冷却する。
	17016	酢	2	⑤ 調味料を合わせる。
	3003	上白糖	0.8	⑥ あえる。
	14002	ごま油	0.5	
プルーン	7081	プルーン	60	
牛乳	13003	牛乳	206	

料理名	エネルギー	たんぱく質	脂質	塩分	カルシウム	マグネシウム	鉄	亜鉛	ビタミン				食物繊維
	kcal	g	g	g	mg	mg	mg	mg	Aμg RE	B_1 mg	B_2 mg	C mg	g
ご飯	286	4.9	0.8	0	5	19	0.6	1.1	0	0.37	0.03	0	0.7
カレー	245	9.3	14.0	1.9	40	40	1.6	2.1	169	0.12	0.15	21	2.6
サラダ	28	1.4	0.5	0.7	43	19	1.1	0.1	16	0.02	0.03	2	1.4
くだもの	29	0.4	0.1	0	4	4	0.1	0.1	8	0.01	0.01	2	1.0
牛乳	138	6.8	7.8	0.2	227	21	0	0.8	78	0.08	0.31	2	0
合計	726	22.8	23.2	2.8	319	103	3.4	4.2	271	0.60	0.53	27	5.7

メッセージ

貧血予防にはたんぱく質、鉄、ビタミンCをとることが大切です。また、鉄には「ヘム鉄」と「非ヘム鉄」がありますが、牛肉でヘム鉄を、ほうれん草で非ヘム鉄をとることができます。みんなの好きなカレーにほうれん草と牛肉を入れて、貧血が予防できるようにしました。しっかり食べてくださいね。

麦ご飯　和風野菜スープ　**豚レバーと大豆のケチャップあえ**　りんごのサラダ　牛乳

献立名	食品番号	材料	分量（g）	作り方
麦ご飯	1083	精白米	76	
	1007	米粒麦	4	
和風野菜スープ	17019	カツオ節（だし用）	1.5	① カツオ節でだしをとる。 ② 白菜はざく切りに、にんじんは短冊切りに、たまねぎはスライス、しめじは小房分けにする。 ③ 油揚げは短冊切りにし、油抜きする。 ④ ①に②を加えて、煮る。 ⑤ ③を加える。 ⑥ 調味料を加えて、味つけする。 ⑦ さやえんどうを加える。
	4040	油揚げ	5	
	6233	白菜	30	
	6212	にんじん	8	
	6153	たまねぎ	20	
	8016	しめじ	15	
	6020	さやえんどう	5	
	17007	濃口しょうゆ	4	
	16025	みりん	1	
	17012	食塩	0.3	
		水	130	
豚レバーと大豆のケチャップあえ	4023	大豆（乾）	8	① 大豆は事前に洗って、もどしておく。 ② しょうが、にんにくはみじん切りにする。 ③ 豚レバーに下味をつける。 ④ ①③に粉をつけて、油で揚げる。 ⑤ ごまはから煎りする。 ⑥ 調味料を加熱して、タレを作る。 ⑦ ⑤⑥で④をからめる。
	11166	豚レバー・薄切り	40	
	6103	しょうが	0.4	
	6223	にんにく	0.4	
	17007	濃口しょうゆ	1.5	
	16003	酒	1	
	2034	でんぷん	8	
	14011	揚げ油	6	
	5018	白いりごま	1	
	17002	中濃ソース	3	
	17036	ケチャップ	9	
	3004	三温糖	1.2	
	17061	カレー粉	0.2	
りんごのサラダ	6061	キャベツ	15	① キャベツはざく切りに、きゅうりは小口切りにする。 ② ①をゆでて、冷却する。 ③ りんごはいちょう切りにして、塩水に漬ける。 ④ 調味料を合わせる。 ⑤ あえる。
	6065	きゅうり	15	
	7148	りんご	20	
	17015	酢	2	
	3004	三温糖	0.5	
	17012	食塩	0.2	
	17063	黒こしょう	0.01	
	14011	ひまわり油	2	
牛乳	13003	牛乳	206	

料理名	エネルギー	たんぱく質	脂質	塩分	カルシウム	マグネシウム	鉄	亜鉛	ビタミン				食物繊維
	kcal	g	g	g	mg	mg	mg	mg	A μgRE	B_1 mg	B_2 mg	C mg	g
ご飯	285	4.9	0.8	0	5	18	0.6	1.1	0	0.07	0.02	0	0.7
スープ	48	3.0	2.0	1.1	40	24	0.5	0.3	65	0.07	0.07	12	1.8
レバー	188	11.5	9.4	0.7	38	34	6.3	3.2	5210	0.22	1.46	9	1.7
サラダ	37	0.4	2.0	0.2	11	5	0	0	10	0.01	0	9	0.8
牛乳	138	6.8	7.8	0.2	227	21	0	0.8	78	0.08	0.31	2	0
合計	696	26.6	22.0	2.2	321	102	7.4	5.4	5363	0.45	1.86	32	5.0

メッセージ

秋はたくさんの野菜やくだものがとれます。そこで、今日は地元の野菜やくだものをふんだんに使って献立を立ててみました。

また、みなさんは給食のレバーが大好きですね。ケチャップ味はご飯がすすむと評判です。レバーはそれだけでたっぷりの鉄分がとれるので、みなさんが食べやすい味つけにしています。残さず食べて元気いっぱい活動してくださいね。

麦ご飯　キムチスープ　**鶏レバーのごまがらめ**　レモン風味あえ　牛乳

献立名	食品番号	材料	分量（g）	作り方
麦ご飯	1083	精白米	70	
	1007	米粒麦	10	
キムチスープ	11131	豚もも肉・こま切れ	15	① 豆腐は角切りに、にんじんは短冊切りに、長ねぎは小口切りに、にらは 3cmカット、えのきたけは 1/3 カットにする。 ② しらたきは短く切って、下ゆでする。 ③ にんじんと鶏ガラスープを加えて、煮る。 ④ ②と豚肉、豆腐、キムチ、えのきたけを加える。 ⑤ 調味料を加えて、味つけする。 ⑥ 長ねぎ、にらを加える。
	2005	しらたき	20	
	4032	木綿豆腐	20	
	6212	にんじん	6	
	6226	長ねぎ	7	
	6207	にら	5	
	8001	えのきたけ	10	
	6236	白菜キムチ・2cmカット	15	
	17024	鶏ガラスープ	5	
	17008	薄口しょうゆ	5	
	17065	こしょう	0.02	
	16023	酒	1	
	17012	食塩	0.3	
		水	109	
鶏レバーのごまがらめ	11232	鶏レバー・竜田揚げ用	20	① しょうが、にんにくはみじん切りに、さつまいも、ピーマンはいちょう切りにする。 ② 鶏肉に下味をつける。 ③ ②と鶏レバーにでんぷんをつけて、油で揚げる。 ④ さつまいもは油で素揚げにする。 ⑤ ピーマンはゆでて、冷却する。 ⑥ 調味料を加熱して、タレを作る。 ⑦ ⑥で③④⑤をからめる。
	11221	鶏もも肉・一口大	30	
	6103	しょうが	0.2	
	6223	にんにく	0.4	
	16023	酒	1	
	17007	濃口しょうゆ	1	
	2034	でんぷん	4	
	2006	さつまいも	20	
	14005	揚げ油	4	
	6245	ピーマン	10	
	5018	白すりごま	3	
	16023	酒	1.5	
	17007	濃口しょうゆ	3	
	3003	上白糖	1.5	
	16025	みりん	1	
	17004	トウバンジャン	0.1	
レモン風味あえ	9040	ワカメ（乾）	0.5	① キャベツは短冊切りに、きゅうりは小口切りに、にんじんはせん切りにする。 ② ①とワカメをゆでて、冷却する。 ③ 調味料を合わせる。 ④ あえる。
	6061	キャベツ	25	
	6065	きゅうり	25	
	6212	にんじん	3	
	7156	レモン果汁	0.3	
	17008	薄口しょうゆ	1.5	
	17015	酢	1	
	17012	食塩	0.2	
	14004	サフラワー油	1	
牛乳	13003	牛乳	206	

料理名	エネルギー	たんぱく質	脂質	塩分	カルシウム	マグネシウム	鉄	亜鉛	ビタミン				食物繊維
	kcal	g	g	g	mg	mg	mg	mg	AμgRE	B1 mg	B2 mg	C mg	g
ご飯	283	5.0	0.8	0	6	19	0.7	1.1	0	0.08	0.02	0	1.3
スープ	55	5.7	1.7	1.5	54	22	0.7	0.5	125	0.18	0.10	6	2.2
レバー	193	9.9	10.4	0.5	49	30	2.4	1.4	2812	0.13	0.44	19	1.1
あえ物	22	0.8	1.1	0.6	23	15	0.2	0.2	34	0.02	0.02	14	1.1
牛乳	138	6.8	7.8	0.2	227	21	0	0.8	78	0.08	0.31	2	0
合計	691	28.2	21.8	2.8	359	107	4.0	4.0	3049	0.49	0.89	41	5.7

メッセージ

今日はレバーを秋が旬のさつまいもと一緒にごまダレでからめました。レバーには、血のもとになる鉄が多く含まれています。貧血の予防や治療にも利用される、とてもからだによい食品です。また、秋のさつまいもはとっても甘くて栄養があります。力のもとになり、おなかの調子も整えてくれる食べ物です。

麦ご飯　吉野汁　**ごまみそレバー**　磯辺あえ　りんご　牛乳

献立名	食品番号	材料	分量（g）	作り方
麦ご飯	1083	精白米	75	
		強化米	0.23	
	1007	米粒麦	4	
吉野汁	17019	カツオ節（だし用）	1.8	① カツオ節でだしをとる。
	14003	炒め油	0.8	② 里芋と大根とにんじんはいちょう切りに、しめじは小房分けにする。
	11220	鶏むね肉・こま切れ	13	
	4040	油揚げ	3	③ 油揚げは短冊切りにし、油抜きする。
	2010	里芋	20	④ 小松菜はざく切りにして、下ゆでする。
	6132	大根	15	⑤ 油で鶏肉と根菜を炒める。
	6212	にんじん	10	⑥ ①を加えて、煮る。
	8016	しめじ	10	⑦ ③としめじを加える。
	17007	濃口しょうゆ	4.5	⑧ 調味料を加えて、味つけする。
	16025	みりん	0.8	⑨ 水溶きでんぷんで、とろみをつける。
	17012	食塩	0.45	⑩ ④を加える。
	2934	でんぷん	1.5	
	6086	小松菜	8	
		水	140	
ごまみそレバー	11166	豚レバー・薄切り	45	① しょうがはすりおろす。
	6103	しょうが	0.65	② 豚レバーに下味をつける。
	17007	濃口しょうゆ	1.3	③ ②にでんぷんをつけて、油で揚げる。
	2034	でんぷん	12	④ ごまをから煎りする。
	14011	揚げ油	6	⑤ 調味料を加熱して、タレを作る。
	5018	白いりごま	0.8	⑥ ④⑤で③をからめる。
	17045	白みそ	2.5	
	3004	三温糖	2.2	
	16002	酒	1	
		水	1.5	
磯辺あえ	6267	ほうれん草	20	① ほうれん草はざく切りに、白菜は短冊切りにする。
	6233	白菜	35	
	6289	もやし	20	② ①ともやしをゆでて、冷却する。
	9004	のり・刻み	1	③ あえる。
		土佐じょうゆ	2.5	
りんご	7148	りんご	60	① 1/4 に切り分ける。
牛乳	13003	牛乳	206	

料理名	エネルギー	たんぱく質	脂質	塩分	カルシウム	マグネシウム	鉄	亜鉛	ビタミン				食物繊維
	kcal	g	g	g	mg	mg	mg	mg	Aμg RE	B_1 mg	B_2 mg	C mg	g
ご飯	267	4.6	0.7	0.8	4	17	0.7	1.1	0	0.33	0.02	0	0.8
吉野汁	71	6.1	2.2	1.1	35	21	0.6	0.5	98	0.01	0.06	7	1.6
レバー	173	9.8	8.1	0.5	16	16	6.2	3.1	5850	0.15	1.62	10	0.2
あえ物	16	1.7	0.1	0.4	31	24	0.7	0.3	96	0.05	0.08	18	1.8
くだもの	32	0.1	0.1	0	2	2	0	0	1	0.01	0.01	2	0.9
牛乳	138	6.8	7.8	0.2	227	21	0	0.8	78	0.08	0.31	2	0
合計	697	29.1	19.0	3.0	315	101	8.2	5.8	6123	0.63	2.10	39	5.3

メッセージ

鉄を多く含むレバーは苦手な人もいると思いますが、ごまみその味つけで臭みもなく、おいしく食べやすくしたので、一口は食べてみてくださいね。

秋の今が旬の白菜、しめじ、りんごを今日の献立に取り入れています。おいしくいただきましょう。

栗ご飯　さつま汁　**豚レバーのケチャップあえ**　昆布あえ　牛乳

献立名	食品番号	材料	分量（g）	作り方
栗ご飯	1083	精白米（うるち）	56	① 栗と調味料を加えて、炊飯する。
	1083	精白米（もち）	24	
	5010	むき栗・1/4カット	18	
	17012	食塩	0.9	
	16001	酒	1.4	
さつま汁	17023	煮干し（だし用）	2.5	① 煮干しでだしをとる。
	14008	炒め油	0.5	② たまねぎはスライス、にんじん、大根、さつまいもはいちょう切りに、長ねぎは小口切りにする。
	11224	鶏むね肉・こま切れ	10	
	6153	たまねぎ	25	
	6212	にんじん	12	③ 油揚げは短冊切りにし、油抜きする。
	6131	大根	20	④ 油で鶏肉を炒める。
	2006	さつまいも	25	⑤ ④に①を入れ、硬い野菜から加えて、煮る。
	4040	油揚げ	3	
	17045	白みそ	9	⑥ ③を加える。
	6226	長ねぎ	6	⑦ みそを加えて、味つけする。
		水	110	⑧ 長ねぎを加える。
豚レバーのケチャップあえ	11166	豚レバー・薄切り	50	① しょうが、にんにくはみじん切りにする。
	6103	しょうが	0.7	② 豚レバーに下味をつける。
	6223	にんにく	0.7	③ ②に粉をつけて、油で揚げる。
	17007	濃口しょうゆ	3	④ ごまはから煎りする。
	16001	酒	1	⑤ 調味料を加熱して、タレを作る。
	1016	薄力粉	4	⑥ ④⑤で③をからめる。
	2034	でんぷん	8	
	14008	揚げ油	5	
	5018	白いりごま	1.2	
	17002	中濃ソース	4	
	17036	ケチャップ	8	
	3004	三温糖	1	
	17061	カレー粉	0.1	
昆布あえ	6233	白菜	40	① 白菜はざく切りに、きゅうりは小口切りにする。
	6065	きゅうり	20	
	10056	シラス干し	1	② ①をゆでて、冷却する。
	9022	塩昆布	1	③ シラス干しはから煎りする。
	17007	濃口しょうゆ	1	④ あえる。
牛乳	13003	牛乳	206	

料理名	エネルギー	たんぱく質	脂質	塩分	カルシウム	マグネシウム	鉄	亜鉛	ビタミン				食物繊維
	kcal	g	g	g	mg	mg	mg	mg	AμgRE	B_1 mg	B_2 mg	C mg	g
ご飯	326	5.6	0.8	0.9	10	28	0.8	1.2	1	0.11	0.04	8	1.4
汁	100	4.6	2.7	1.3	49	28	0.9	0.6	94	0.08	0.04	12	2.1
レバー	160	10.9	7.4	1.0	22	19	6.9	3.6	6509	0.19	1.81	11	0.4
あえ物	13	1.2	0	0.4	30	11	0.2	0.1	11	0.02	0.02	11	0.8
牛乳	138	6.8	7.8	0.2	227	21	0	0.8	78	0.08	0.31	2	0
合計	737	29.1	18.7	3.8	338	107	8.8	6.3	6693	0.48	2.22	44	4.7

メッセージ

今日の主菜は「豚レバーのケチャップあえ」です。レバーには栄養がいっぱい含まれています。まず、血をつくるのに欠かせない「鉄」がたくさん含まれています。そのほかにたんぱく質、ビタミンA、B_1、B_2、Cなどがあり、ビタミンの宝庫ともいえます。

今日は、しょうがとにんにくで臭みを消し、しょうゆや酒で下味をつけて油でカラッと揚げてから、ケチャップソースのタレをからめました。栄養たっぷりのレバーをなるべく残さず食べましょう。

中学校

麦ご飯　にらたまスープ　**豚レバーのごまみそがらめ**　おかかあえ　柿　牛乳

献立名	食品番号	材料	分量（g）	作り方
麦ご飯	1083	精白米	100	
		強化米	0.32	
	1007	米粒麦	5	
にらたまスープ	17019	カツオ節（だし用）	2	① カツオ節でだしをとる。 ② にんじんは短冊切りに、にらは 3㎝カット、しいたけはせん切りにする。 ③ ①ににんじん、しいたけを加えて、煮る。 ④ 調味料を加えて、味つけする。 ⑤ 溶き卵を流し入れる。 ⑥ もやしとにらを加える。
	6212	にんじん	8	
	6207	にら	8	
	6289	もやし	20	
	8011	生しいたけ	7	
	12004	鶏卵	25	
	17008	薄口しょうゆ	4	
	17012	食塩	0.2	
	16001	酒	1	
	17064	白こしょう	0.1	
		水	145	
豚レバーのごまみそがらめ	11166	豚レバー・薄切り	40	① しょうがはすりおろし、ごぼうは斜め小口切りにする。 ② 豚レバーに下味をつける。 ③ 豚肉に下味をつける。 ④ ②③にでんぷんをつけて、油で揚げる。 ⑤ ごぼうは油で素揚げにする。 ⑥ ごまをから煎りする。 ⑦ 調味料を加熱して、タレを作る。 ⑧ ⑥⑦で④⑤をからめる。
	6103	しょうが	1.5	
	17007	濃口しょうゆ	1	
	16001	酒	1	
	11130	豚もも肉・角切り	30	
	17007	濃口しょうゆ	1.5	
	2034	でんぷん	10	
	6084	ごぼう	15	
	14003	揚げ油	6	
	5018	白いりごま	1.2	
	17045	白みそ	3	
	17007	濃口しょうゆ	0.8	
	3004	三温糖	3	
	16025	みりん	1.5	
	16001	酒	1	
おかかあえ	6267	ほうれん草	30	① ほうれん草はざく切りに、にんじんは短冊切りにする。 ② ①ともやしをゆでて、冷却する。 ③ カツオ節をから煎りする。 ④ あえる。
	6212	にんじん	7	
	6289	もやし	40	
	10091	カツオ節	0.5	
	17008	薄口しょうゆ	3	
柿	7049	柿（富有柿）	50	① 1/4 に切り分ける。
牛乳	13003	牛乳	206	

料理名	エネルギー	たんぱく質	脂質	塩分	カルシウム	マグネシウム	鉄	亜鉛	ビタミン				食物繊維
	kcal	g	g	g	mg	mg	mg	mg	A μgRE	B_1 mg	B_2 mg	C mg	g
ご飯	374	6.5	1.0	0	6	24	0.9	1.5	0	0.49	0.04	0	0.9
スープ	55	4.8	2.6	1.1	26	15	0.7	0.4	122	0.06	0.16	5	0.9
レバー	237	15.6	11.4	0.9	30	33	5.8	3.6	5201	0.43	1.52	8	1.2
あえ物	19	2.1	0.1	0.5	24	28	0.8	0.4	158	0.05	0.08	15	1.6
くだもの	30	0.2	0.1	0	5	3	0.1	0.1	18	0.02	0.01	35	0.8
牛乳	138	6.8	7.8	0.2	206	21	0	0.8	78	0.31	0.08	2	0
合計	853	36.0	23.0	2.7	297	124	8.3	6.8	5577	1.36	1.89	65	5.4

メッセージ

今日の主菜は「豚レバーのごまみそがらめ」です。
レバー（肝臓）は、栄養や血液を蓄えておく臓器なので、ビタミンや鉄分がたくさん含まれています。独特のにおいがあるので、料理をする前にしょうがを使って臭みを消しています。また、みそ味のタレなので、より臭みがなく、食べやすいと思いますよ。

中学校
麦ご飯　いもの子汁　**豚レバーのかりんとう揚げ**　大根と白菜のサラダ　ぶどう　牛乳

献立名	食品番号	材料	分量（g）	作り方
麦ご飯	1083	精白米	100	
	1007	米粒麦	5	
いもの子汁	17023	煮干し（だし用）	4	① 煮干しでだしをとる。
	2010	里芋	30	② 里芋、にんじんはいちょう切りに、しめ
	6212	にんじん	10	じは小房に分け、豆腐はさいの目切りに、
	8016	しめじ	15	長ねぎは小口切りにする。
	4032	木綿豆腐	35	③ 突きこんにゃくは下ゆでする。
	2003	突きこんにゃく	15	④ ①に里芋、にんじんを加えて、煮る。
	17045	白みそ	10	⑤ しめじ、豆腐、③を加える。
	6226	長ねぎ	10	⑥ みそを加えて、味つけする。
		水	120	⑦ 長ねぎを加える。
豚レバーのかりんとう揚げ	11166	豚レバー・薄切り	50	① 豚レバーにでんぷんをつけて、油で揚げ
	2034	でんぷん	5	る。
	14003	揚げ油	6	② ごまはから煎りする。
	5018	白いりごま	1	③ 調味料を加熱して、タレを作る。
	3004	三温糖	2	④ ②③で①をからめる。
	17007	濃口しょうゆ	4	
	16025	みりん	2	
大根と白菜のサラダ	6132	大根	45	① 大根、にんじんはせん切りに、白菜は短
	6212	にんじん	4	冊切りにする。
	6233	白菜	30	② ①とコーンをゆでて、冷却する。
	6177	ホールコーン（冷）	10	③ 調味料を合わせる。
	17012	食塩	0.2	④ あえる。
	14003	米ぬか油	2	
	17008	薄口しょうゆ	4	
	17015	酢	2.5	
ぶどう	7116	ぶどう（ナイヤガラ）	80	
牛乳	13003	牛乳	206	

料理名	エネルギー	たんぱく質	脂質	塩分	カルシウム	マグネシウム	鉄	亜鉛	ビタミン				食物繊維
	kcal	g	g	g	mg	mg	mg	mg	AμgRE	B_1 mg	B_2 mg	C mg	g
ご飯	373	6.5	1.0	0	6	24	0.9	1.5	0	0.09	0.02	0	0.9
汁	72	4.7	2.2	1.3	70	29	1.1	0.5	76	0.07	0.05	4	2.6
レバー	150	10.7	8.2	0.7	17	17	6.7	3.6	6500	0.17	1.81	10	0.1
サラダ	44	1.0	2.2	0.9	26	13	0.3	0.3	33	0.03	0.02	12	1.4
くだもの	47	0.3	0.1	0	5	5	0.1	0.1	2	0.03	0.01	2	0.4
牛乳	138	6.8	7.8	0.2	227	21	0	0.8	78	0.08	0.31	2	0
合計	824	30.0	21.5	3.1	351	109	9.1	6.8	6689	0.47	2.22	30	5.4

メッセージ

今日のかりんとう揚げのレバーは、食べやすいように小さめの短冊に切り、でんぷんをつけて揚げてから、甘辛のタレにからめました。レバーの苦手な人にもきっと食べやすいと思います。
副菜は、とれたての新鮮な白菜と大根を使ったサラダにしました。

中学校

コッペパン　白菜とベーコンのスープ　**鶏肉と豚レバーのピーナッツがらめ**　海藻とコーンのサラダ　牛乳

献立名	食品番号	材料	分量（g）	作り方
コッペパン		コッペパン	122	
白菜とベーコンのスープ	14003	炒め油	1	① じゃがいもはいちょう切りに、たまねぎはスライス、セロリは斜め半月切りに、白菜は短冊切りに、パセリはみじん切りにする。 ② 油でベーコンを炒める。 ③ じゃがいも、たまねぎ、セロリを加えて、さらに炒める。 ④ 水を加えて煮る。 ⑤ 白菜を加える。 ⑥ 調味料を加えて、味つけする。 ⑦ パセリを加える。
	11185	ベーコン・短冊切り	8	
	2017	じゃがいも	25	
	6153	たまねぎ	15	
	6119	セロリ	10	
	6233	白菜	30	
	17027	コンソメ	0.4	
	17012	食塩	0.4	
	17008	薄口しょうゆ	4	
	17063	黒こしょう	0.04	
	6239	パセリ	0.5	
		水	130	
鶏肉と豚レバーのピーナッツがらめ	11224	鶏もも肉・一口大	40	① しょうが、にんにくはすりおろす。 ② 鶏肉、豚レバーに下味をつける。 ③ ②に粉をつけて、油で揚げる。 ④ ごま、落花生はから煎りする。 ⑤ 調味料を加熱して、タレを作る。 ⑥ ④⑤で③をからめる。
	11166	豚レバー・薄切り	40	
	6103	しょうが	0.6	
	6223	にんにく	0.6	
	17007	濃口しょうゆ	2	
	2034	でんぷん	6	
	1015	薄力粉	2.5	
	14003	揚げ油	4	
	5018	白いりごま	0.6	
	5035	落花生・刻み	2.5	
	17045	白みそ	3	
	17007	濃口しょうゆ	1.3	
	3004	三温糖	2	
	16025	みりん	2	
海藻とコーンのサラダ	6177	ホールコーン（冷）	10	① チンゲン菜は2㎝カット、キャベツは短冊切りにする。 ② ①とコーンをゆでて、冷却する。 ③ 糸寒天、ワカメは洗って、もどす。 ④ 調味料を合わせる。 ⑤ あえる。
	6160	チンゲン菜	10	
	6061	キャベツ	25	
	9028	糸寒天	1	
	9040	ワカメ（乾）	1	
	9004	のり・刻み	0.5	
	17008	薄口しょうゆ	3	
	17015	酢	2.5	
	3004	三温糖	0.4	
	14002	ごま油	0.4	
牛乳	13003	牛乳	206	

料理名	エネルギー	たんぱく質	脂質	塩分	カルシウム	マグネシウム	鉄	亜鉛	ビタミン				食物繊維
	kcal	g	g	g	mg	mg	mg	mg	A μg RE	B_1 mg	B_2 mg	C mg	g
パン	365	12.0	4.8	1.7	55	35	1.1	0.1	0	0.18	0.10	0	2.7
スープ	75	2.1	4.1	1.4	23	13	0.2	0.3	5	0.07	0.03	21	1.1
レバー	204	17.4	8.7	1.0	18	28	5.7	3.7	5207	0.18	1.53	10	0.5
サラダ	28	1.3	0.7	0.7	33	22	0.4	0.2	83	0.02	0.05	14	1.5
牛乳	138	6.8	7.8	0.2	227	21	0	0.8	78	0.08	0.31	2	0
合計	810	39.6	26.1	5.0	356	119	7.4	5.1	5373	0.53	2.02	47	5.8

メッセージ

鉄を多く含み、貧血を防いでくれる「レバー」をカラッと揚げて、香ばしいピーナッツと甘みそでからめました。鶏肉と半々にしてあるので、レバーはちょっと苦手、という人にも食べやすいと思いますよ。

麦ご飯　ほうれん草とホタテのスープ　**三色揚げ煮**　ピーナッツあえ　みかん　牛乳

献立名	食品番号	材料	分量（g）	作り方
麦ご飯	1083	精白米	70	
	1007	米粒麦	10	
ほうれん草とホタテのスープ	6233	白菜	25	① 白菜はざく切りに、長ねぎは小口切りに、えのきたけは 1/2 カットにする。 ② ほうれん草はざく切りにして、下ゆでする。 ③ ガラスープで白菜、えのきたけを煮る。 ④ ホタテを加える。 ⑤ 調味料を加えて、味つけする。 ⑥ 溶き卵を流し入れる。 ⑦ ②と長ねぎを加える。
	6267	ほうれん草	10	
	6226	長ねぎ	8	
	8001	えのきたけ	10	
	10313	ホタテの小柱	15	
	12004	鶏卵	20	
	17024	鶏ガラスープ	5	
	16001	酒	1	
	17008	薄口しょうゆ	5.5	
	17012	食塩	0.3	
		水	130	
三色揚げ煮	11232	鶏レバー・一口大	20	① さつまいも、にんじんは厚めのいちょう切りに、ピーマンは乱切りにする。 ② 鶏レバーはでんぷんをつけて、油で揚げる。 ③ さつまいもは油で素揚げにする。 ④ にんじん、ピーマンはゆでて、冷却する。 ⑤ 調味料を加熱して、タレを作る。 ⑥ ⑤で②③④をからめる。
	2034	でんぷん	1.5	
	2006	さつまいも	35	
	14011	揚げ油	5.5	
	6212	にんじん	15	
	6245	ピーマン	10	
	3004	三温糖	1	
	17045	白みそ	2	
	16001	酒	1	
	17007	濃口しょうゆ	1	
	17036	ケチャップ	5.5	
ピーナッツあえ	6212	にんじん	5	① にんじんはせん切りに、ブロッコリーは小房分けに、大根は短冊切りにする。 ② ①をゆでて、冷却する。 ③ 落花生をから煎りする。 ④ 調味料を合わせる。 ⑤ あえる。
	6263	ブロッコリー	30	
	6132	大根	20	
	5035	落花生・粉	2	
	3004	三温糖	2	
	17008	薄口しょうゆ	2.5	
みかん	7026	みかん	70	
牛乳	13003	牛乳	206	

料理名	エネルギー	たんぱく質	脂質	塩分	カルシウム	マグネシウム	鉄	亜鉛	ビタミン				食物繊維
	kcal	g	g	g	mg	mg	mg	mg	Aμg RE	B_1 mg	B_2 mg	C mg	g
ご飯	283	5.0	0.8	0	6	19	0.7	1.1	0	0.08	0.02	0	1.3
スープ	70	7.9	2.4	1.5	33	28	1.7	0.9	67	0.08	0.30	10	1.2
揚げ煮	149	4.9	6.3	0.5	23	20	2.1	0.8	2921	0.13	0.38	23	1.6
あえ物	37	2.0	1.2	0.4	19	16	0.3	0.3	58	0.04	0.06	38	1.8
くだもの	32	0.4	0.1	0	12	8	0.1	0.1	61	0.05	0.03	25	0.5
牛乳	138	6.8	7.8	0.2	227	21	0	0.8	78	0.08	0.31	2	0
合計	709	27.0	18.6	2.6	320	112	4.9	4.0	3185	0.46	1.10	98	6.4

メッセージ

今日の献立を見て、ちょっと警戒している人もいるのでは？　そうです…「三色揚げ煮」の中にはみなさんがちょっと苦手かなぁ…と思ってしまうレバーが入っています。でもレバーには鉄がとても多く含まれているので、貧血の予防になるなど、からだには必要な食品なんですよ。今日はケチャップ味で食べやすくなっているので、苦手という人も一口チャレンジしてみてくださいね。

見直してみましょう　私たちの食生活

貧血とサプリメント —その1—

貧血あなたは大丈夫ですか？

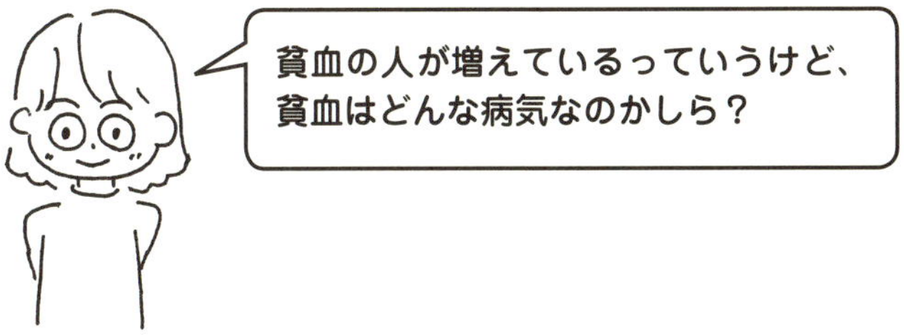
貧血の人が増えているっていうけど、
貧血はどんな病気なのかしら？

貧血とは、血液の中に含まれている血色素（ヘモグロビン）の量が少なくなっていることを言います。血色素はからだの組織や細胞に酸素を運ぶ役目をしているので、これが少ないと、からだは酸素不足になり、健康にいろいろ障害を生じます。

貧血の原因は食生活に問題が…？！

からだにこれといった病気がないのに貧血になるのは、普段の食生活に問題があることが多いのです。

- □朝ご飯を食べない
- □インスタント食品や加工食品中心の食事をしている
- □不規則な生活を送っている
- □好き嫌いが多い

このような食生活を送っている人は要注意!!

血液の大切な成分であるたんぱく質や鉄が不足して、貧血になってしまう恐れがあります。

成長期のみなさんに与える影響は？！

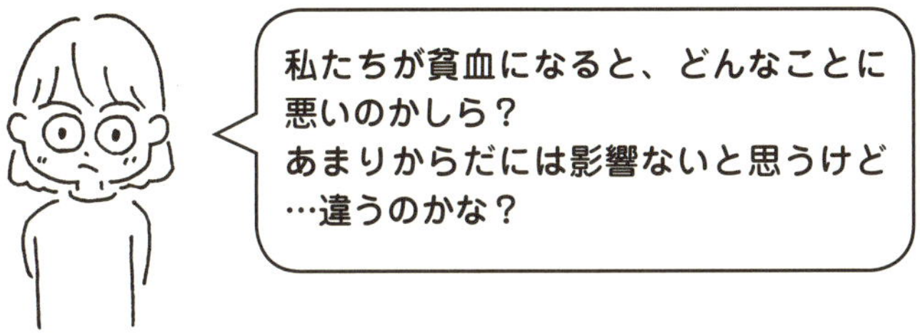
私たちが貧血になると、どんなことに
悪いのかしら？
あまりからだには影響ないと思うけど
…違うのかな？

貧血が成長期に起こす悪影響

◇身体の発達が遅れる
◇勉強、運動に対して根気がなくなる
◇何事にも集中力がなくなる
◇ほかの病気の引き金になる
◇知能の発達に影響する

それは
ちょっと
困るかも…
部活も
勉強も
大切だし…

94ページへつづく

オリジナルの献立づくりに！

単品料理

献立の差し替えや組み合わせに便利な、鉄分の多い単品料理です。主食や主菜など、バリエーション豊かな献立になるものを選びました。オリジナル献立作成にご活用ください。

厚揚げのみそ煮

献立名	食品番号	材料	分量（g）	作り方
厚揚げのみそ煮	4039	厚揚げ	70	① 厚揚げは1㎝厚さの色紙切りにして、油抜きする。 ② ①に調味料を加えて、煮つける。 ③ カツオ節でだしをとる。 ④ しょうがはせん切りに、にんじん、たけのこはいちょう切りに、たまねぎはくし形切りに、長ねぎは斜め小口切りにする。 ⑤ ピーマンは色紙切りにして、下ゆでする。 ⑥ 油でしょうがと豚肉を炒める。 ⑦ にんじん、たまねぎ、たけのこを加えて、炒める。 ⑧ ③を加えて沸騰したら、砂糖を加えて煮る。 ⑨ 残りの調味料を加えて、味つけする。 ⑩ ②とねぎを加える。 ⑪ 水溶きでんぷんでとろみをつける。 ⑫ ⑤を加える。
	3004	三温糖	1	
	17007	濃口しょうゆ	1	
		水	10	
	17019	カツオ節（だし用）	0.3	
		水	20	
	14005	大豆油（炒め用）	1	
	6103	しょうが	1	
	11131	豚もも肉・こま切れ	20	
	6212	にんじん	15	
	6153	たまねぎ	15	
	6151	たけのこ（水煮）	10	
	6226	長ねぎ	5	
	3004	三温糖	2	
	17007	濃口しょうゆ	3	
	16001	酒	1	
	17046	赤みそ	5	
	2034	でんぷん	1	
	6245	ピーマン	8	

栄養価	エネルギー	たんぱく質	脂質	塩分	カルシウム	マグネシウム	鉄	亜鉛	ビタミン				食物繊維
	kcal	g	g	g	mg	mg	mg	mg	Aμg RE	B1 mg	B2 mg	C mg	g
	189	13.5	10.4	1.3	189	55	2.2	1.3	118	0.25	0.09	9	1.8

メッセージ

厚揚げは、おでんや煮物でおなじみですが、どのように作るか知っていますか？　豆腐の水気をよくきって、高温の油で揚げて作ります。鉄分たっぷりのメニューなので、残さずにしっかり食べましょう。

深川ご飯

献立名	食品番号	材料	分量（g）	作り方
深川ご飯	1083	精白米	67	① 麦を加えて炊飯する。
		強化米	0.2	② みつ葉は2cmカット、にんじんはせん切りに、しめじは小房分けにする。
	1007	米粒麦	3	③ アサリは調味料を加え味つけして、煮る。
	10283	むきアサリ（冷）	20	④ みつ葉はゆでて、冷却する。
	16001	酒	2.4	⑤ 油揚げは短冊切りにして、油抜きする。
	17007	濃口しょうゆ	2.4	⑥ にんじん、しめじ、油揚げを煮る。
	6276	みつ葉	3	⑦ 調味料を加えて、味つけする。
	6212	にんじん	8	⑧ ①に③④⑦を混ぜ合わせる。
	8016	しめじ	15	
	4040	油揚げ	4	
	17008	薄口しょうゆ	2.4	
	16001	酒	1.6	
	16025	みりん	2.4	

栄養価	エネルギー	たんぱく質	脂質	塩分	カルシウム	マグネシウム	鉄	亜鉛	ビタミン				食物繊維
	kcal	g	g	g	mg	mg	mg	mg	A μg RE	B_1 mg	B_2 mg	C mg	g
	308	10.0	2.4	0.9	43	36	8.5	1.8	66	0.33	0.11	1	1.4

メッセージ

深川ご飯とは、アサリの入った炊き込みご飯です。江戸時代、東京の深川ではアサリ漁がとても盛んで、アサリの入った炊き込みご飯を「深川めし」または「深川ご飯」と言うようになりました。深川丼というものもありますが、これはアサリとネギをみそで煮込んで、ご飯にかけたもので、深川ご飯とは別のものです。

きのことアサリのスパゲッティ

献立名	食品番号	材料	分量（g）	作り方
きのことアサリのスパゲッティ	14001	オリーブ油（炒め用）	1	① にんにくはすりおろし、たまねぎはスライス、しめじは小房分けにする。
	11183	ベーコン・短冊切り	8	② ピーマンはせん切りにして、下ゆでする。
	6223	にんにく	0.3	③ 油でベーコンと①を炒める。
	6153	たまねぎ	15	④ アサリを加える。
	8016	しめじ	12	⑤ 調味料を加えて、味つけする。
	10283	むきアサリ（冷）	12	⑥ スパゲッティをかためにゆでて、加える。
	14001	オリーブ油	1	⑦ ②を加える。
	17012	食塩	0.1	
	17064	白こしょう	0.02	
	1063	スパゲッティ	18	
	6245	ピーマン	5	

栄養価	エネルギー	たんぱく質	脂質	塩分	カルシウム	マグネシウム	鉄	亜鉛	ビタミン				食物繊維
	kcal	g	g	g	mg	mg	mg	mg	A μg RE	B_1 mg	B_2 mg	C mg	g
	132	6.3	4.8	0.4	21	20	4.9	0.8	3	0.08	0.09	8	1.2

メッセージ

アサリには鉄分のほかに、ビタミンB_{12}や銅も含まれていて、貧血予防にとてもいい食べ物です。今日はみなさんの大好きなスパゲッティに、きのことアサリを入れました。成長期は、鉄分をたくさんとってからだをつくっていく時です。不足しないよう、意識して食べるようにしましょう。

クッパ

献立名	食品番号	材料	分量（g）	作り方
クッパ	1088	ご飯	10	① ご飯は粘りがなくなるまで、よく洗う。
	14002	ごま油（炒め用）	0.5	② 牛肉に下味をつける。
	11006	牛かた肉・こま切れ	30	③ ほうれん草はざく切りにして、下ゆでする。
	17012	食塩	0.1	④ にんにくはすりおろす。
	17064	白こしょう	0.02	⑤ 油で②④を炒める。
	6223	にんにく	0.3	⑥ ①ともやしを加える。
	6289	もやし	20	⑦ 調味料を加えて、味つけする。
	17004	トウバンジャン	0.2	⑧ 溶き卵を流し入れる。
	17007	濃口しょうゆ	3	⑨ ごまと③を加える。
	17012	食塩	0.2	
	12004	鶏卵	25	
	5018	白いりごま	1	
	6267	ほうれん草	10	

栄養価	エネルギー	たんぱく質	脂質	塩分	カルシウム	マグネシウム	鉄	亜鉛	ビタミン				食物繊維
	kcal	g	g	g	mg	mg	mg	mg	AμgRE	B1 mg	B2 mg	C mg	g
	150	9.4	9.5	0.9	35	24	1.3	1.8	75	0.07	0.21	6	0.7

メッセージ

クッパは温かいご飯の上に具の入ったスープをかけた朝鮮料理で、クッパㇷ゚とも言われます。日本では、焼き肉屋さんなどでよく出てきます。温かいうちに味わっていただきましょう。

カツオ入り若竹煮

献立名	食品番号	材料	分量（g）	作り方
カツオ入り若竹煮	3004	三温糖	2	① 厚揚げは角切りにし、油抜きする。
	17007	濃口しょうゆ	3	② たけのこは乱切りにする。
	16025	みりん	1.5	③ 調味料と水を加熱し、②を加えて煮る。
		水	10	④ カツオと厚揚げを加えて、ひと煮立ちさせる。
	6151	たけのこ（水煮）	50	⑤ もどしたワカメを加える。
	10086	カツオ・角切り	25	
	4039	厚揚げ	15	
	9040	ワカメ（乾）	1	

栄養価	エネルギー	たんぱく質	脂質	塩分	カルシウム	マグネシウム	鉄	亜鉛	ビタミン				食物繊維
	kcal	g	g	g	mg	mg	mg	mg	AμgRE	B1 mg	B2 mg	C mg	g
	79	9.8	1.9	0.6	57	34	1.2	0.6	8	0.05	0.08	0	1.6

メッセージ

今日は季節感たっぷりのたけのことカツオを使った煮物です。コクのあるおいしさと、たけのこの歯ごたえを味わいましょう。カツオには鉄分のほか、ビタミンも豊富に含まれています。

中学校

揚げ豆腐のごまだれ

献立名	食品番号	材料	分量（g）	作り方
揚げ豆腐のごまだれ	4032	絞り豆腐	63	① 絞り豆腐は 1/6 に切る。
	2034	でんぷん	6	② ①にでんぷんをつけて、油で揚げる。
	14003	揚げ油	5.5	③ ごまはから煎りする。
	5018	黒すりごま	3.4	④ ③と調味料を加熱する。
	3003	上白糖	3.8	⑤ ④に水溶きでんぷんを加えてとろみをつけ、タレを作る。
	17007	濃口しょうゆ	6.4	⑥ ⑤を②にかける。
	16025	みりん	1	
	2034	でんぷん	0.3	

栄養価	エネルギー	たんぱく質	脂質	塩分	カルシウム	マグネシウム	鉄	亜鉛	ビタミン				食物繊維
	kcal	g	g	g	mg	mg	mg	mg	Aμg RE	B_1 mg	B_2 mg	C mg	g
	160	5.3	10.0	0.9	80	36	0.9	0.7	0	0.08	0.03	0	0.7

メッセージ

ごまは小さいけれど栄養満点！！ごまはたんぱく質、鉄分、脂肪をたっぷり含んでいます。頭の働きをよくし、老化防止に役立つので、中国では昔から「若返りの薬」と言われ大切にされています。残さず食べてごまの栄養をしっかりからだに取り入れましょう。

中学校

凍り豆腐のごまあえ

献立名	食品番号	材料	分量（g）	作り方
凍り豆腐のごまあえ	17019	カツオ節（だし用）	0.1	① カツオ節でだしをとる。
		水	20	② 凍り豆腐は洗って、もどす。
	4042	凍り豆腐・細切り	4	③ ②を①と調味料で、煮含める。
	17012	食塩	0.1	④ きゅうりは小口切りに、みつ葉は 3㎝カットにする。
	17008	薄口しょうゆ	1	⑤ ④ともやしをゆでて、冷却する。
	3004	三温糖	0.8	⑥ ごまはから煎りする。
	10260	ツナフレーク	6	⑦ 調味料を合わせる。
	6065	きゅうり	20	⑧ あえる。
	6289	もやし	20	
	6276	みつ葉	6	
	5018	黒すりごま	3	
	17008	薄口しょうゆ	2	
	3003	上白糖	0.4	
	14002	ごま油	0.8	

栄養価	エネルギー	たんぱく質	脂質	塩分	カルシウム	マグネシウム	鉄	亜鉛	ビタミン				食物繊維
	kcal	g	g	g	mg	mg	mg	mg	Aμg RE	B_1 mg	B_2 mg	C mg	g
	77	4.7	4.9	0.6	75	24	1.0	0.5	14	0.03	0.04	4	1.2

メッセージ

昔からごまが「不老長寿の薬」とされてきたのは「若返りのビタミン」とも呼ばれる「ビタミンＥ」が含まれていて、ごまの脂肪分と一緒になってからだの老化を遅らせていたため…と言われています。また、ごまには鉄分も豊富です。細胞機能を活性化し、ごまの脂肪分は血行をよくしてくれます。

今日は長野県諏訪地方の名産品でもある凍り豆腐を使い、ごまあえにしました。ごまと凍り豆腐で鉄分とカルシウムがたっぷりの一品です。

中学校

くるみみそレバー

献立名	食品番号	材料	分量（g）	作り方
くるみみそレバー	11166	豚レバー・薄切り	45	① しょうが、にんにくはすりおろす。
	6103	しょうが	0.5	② 豚レバーに下味をつける。
	6223	にんにく	0.5	③ ②にでんぷんをつけて、油で揚げる。
	16001	酒	1.3	④ くるみをから煎りする。
	17007	濃口しょうゆ	2	⑤ 調味料を加熱して、タレを作る。
	2034	でんぷん	10	⑥ ④⑤で③をからめる。
	14003	揚げ油	4.5	
	5014	くるみ・刻み	3	
	17045	赤みそ	2.8	
	16001	酒	1.5	
	16025	みりん	2	
	3004	三温糖	2	

栄養価	エネルギー	たんぱく質	脂質	塩分	カルシウム	マグネシウム	鉄	亜鉛	ビタミン				食物繊維
	kcal	g	g	g	mg	mg	mg	mg	AμgRE	B1 mg	B2 mg	C mg	g
	175	10.2	8.3	0.7	10	18	6.2	3.2	5850	0.16	1.62	9	0.3

メッセージ

今日は鉄分たっぷりの豚レバーを使った献立です。鉄分は私たちのからだの中で血液をつくるもとになったり、血液の中でタンパク質とくっついて、からだのすみずみまで酸素や栄養素を運んでくれるなど、とても大切な働きをしてくれます。

レバーはなかなか食べにくい食材ですが、今日は油でカリッと揚げて甘辛いタレでからめてあります。また一緒に入っているくるみの風味もよいので、食べてみてください。

凍り豆腐のごまあえ

献立名	食品番号	材料	分量（g）	作り方
凍り豆腐のごまあえ	4042	凍り豆腐・細切り	5	① 凍り豆腐は洗って、もどす。
	17008	薄口しょうゆ	1.2	② ①を調味料で煮含める。
	3003	上白糖	0.8	③ ほうれん草、白菜はざく切りに、えのきたけは 1/2 カットにする。
	10379	糸かまぼこ	5	④ ③をゆでて、冷却する。
	6267	ほうれん草	15	⑤ かまぼこは蒸して、冷却する。
	6233	白菜	25	⑥ ごまはから煎りする。
	8001	えのきたけ	10	⑦ ⑥と調味料を合わせる。
	5018	白すりごま	3	⑧ あえる。
	17008	薄口しょうゆ	3.0	
	3003	上白糖	1	
	17016	酢	1.2	
	14002	ごま油	0.4	

栄養価	エネルギー	たんぱく質	脂質	塩分	カルシウム	マグネシウム	鉄	亜鉛	ビタミン				食物繊維
	kcal	g	g	g	mg	mg	mg	mg	AμgRE	B1 mg	B2 mg	C mg	g
	73	4.8	3.8	0.8	90	34	1.1	0.8	55	0.06	0.07	10	1.6

メッセージ

凍り豆腐は、豆腐を乾燥させて作ります。昔は凍らせて乾燥させていたので、「凍《し》み豆腐」と呼ばれたり、地域によって「高野豆腐」「ちはや豆腐」などと呼ばれ、寒い地方での保存食として食べられてきました。昔ながらの生活の知恵が生み出した食べ物を味わいましょう。

中学校
アマランサス入りチリコンカン

献立名	食品番号	材料	分量（g）	作り方
アマランサス入り チリコンカン	4007	金時豆（乾）	16	① 金時豆は事前に洗って、もどしておく。
	6223	にんにく	0.2	② にんにくはすりおろし、たまねぎはスライス、じゃがいもとトマトは角切りにする。
	14001	オリーブ油（炒め用）	1	③ 赤ピーマンとピーマンは1㎝の色紙切りにして、下ゆでする。
	6223	にんにく	0.6	④ にんにくを加えたお湯で、①をやわらかく煮る。
	6153	たまねぎ	25	⑤ 油でにんにく、たまねぎ、牛肉を炒める。
	11077	牛もも肉・こま切れ	25	⑥ じゃがいも、トマト、アマランサスを加える。
	2017	じゃがいも	20	⑦ 調味料を加えて、味つけする。
	6182	トマト	20	⑧ ③④を加える。
	1001	アマランサス	4	
	17072	チリパウダー	0.4	
	17061	カレー粉	0.4	
	17012	塩	0.4	
	17036	ケチャップ	10	
	17001	ウスターソース	2	
	6247	赤ピーマン	4	
	6245	ピーマン	10	

栄養価	エネルギー	たんぱく質	脂質	塩分	カルシウム	マグネシウム	鉄	亜鉛	ビタミン				食物繊維
	kcal	g	g	g	mg	mg	mg	mg	AμgRE	B$_1$ mg	B$_2$ mg	C mg	g
	191	9.1	6.5	1.4	44	55	2.3	1.7	33	0.15	0.12	31	5.0

メッセージ

チリコンカンに入っている1㎜ぐらいの粒々は「アマランサス」といって、近年日本で栽培されるようになったヒユ科の植物です。鉄分、カルシウム、食物繊維など、私たちの食生活で不足しがちな栄養がたっぷり含まれている食材です。

中学校
ポテトとレバーのアーモンドあえ

献立名	食品番号	材料	分量（g）	作り方
ポテトとレバーの アーモンドあえ	11232	鶏レバー・一口大	25	① レバーは下味をつけておく。
	6103	おろししょうが	1.0	② じゃがいもはいちょう切りまたは拍子木切りにして水にさらし、でんぷんを抜いておく。
	17007	濃口しょうゆ	1.5	③ ピーマンは細めの短冊切りにして、湯通ししておく。
	16001	酒	1.5	④ レバーにでんぷんをつける。
	2034	でんぷん	5	⑤ ④とじゃがいもを油で揚げる。
	2017	じゃがいも	40	⑥ アーモンドは煎っておく。
	6245	ピーマン	5	⑦ 鍋に調味料を煮立てて具材をあえ、アーモンドを振り入れる。
	14003	揚げ油	6	
	3004	三温糖	2.0	
	17007	濃口しょうゆ	3	
	16025	みりん	1.5	
	5001	アーモンド粉	3.5	

栄養価	エネルギー	たんぱく質	脂質	塩分	カルシウム	マグネシウム	鉄	亜鉛	ビタミン				食物繊維
	kcal	g	g	g	mg	mg	mg	mg	AμgRE	B$_1$ mg	B$_2$ mg	C mg	g
	169	6.3	8.7	0.7	13	28	2.8	1.0	3502	0.15	0.50	23	1.0

メッセージ

レバーを甘辛く揚げた人気メニューです。レバーには貧血予防になる鉄分がいっぱい。からだがぐんぐん成長する時期は、鉄欠乏性貧血になることがあります。立ちくらみのほかに、からだがだるい、疲れやすいなどの貧血の症状をよく感じる人は、意識して食べるようにしましょう。

給食だより資料④

貧血とサプリメント —その2—

サプリメントはOK？　NG？

貧血と
サプリメント
貧血には鉄がいいです‥
鉄が
○ストア
大安売
Fe
さっそく サプリメントを買いに行こう!!
ちょっと待って!!
鉄なら
レバー
いわし
ひじき
大豆
などに多いよ.
やっぱり 鉄も しっかり食事からの方が いいよね。おいしいし. 楽しいし‥

鉄が不足して貧血になったら困るから、手軽にサプリメントで補う…っていうのはどうなのかしら？

…でもサプリメントって錠剤の形をしたものが多いけど、「くすり」なの？「食べ物」なの？どっち？

サプリメントは医薬品ではなく、「食品」に分類されています。食事を十分にとれない人のために、一時的に栄養を補うものです。だから「一日に何粒」とか、「疲労回復」などという表現は、医薬品を暗示させる…ということで禁止されています。

中学生は食事でしっかりとろう!!

サプリメントは必要なのでしょうか？

からだは家にたとえられます。家を支える大切な「柱」が主食と主菜。住み心地をよくするための窓やカーテンなどが副菜（ビタミン、ミネラル）です。

普段の３回の食事をきちんと食べていれば、エネルギーやからだをつくる主食（炭水化物）、主菜（たんぱく質）、体調を整える副菜（ビタミン、ミネラル）の中からサプリメントには含まれていない栄養素もしっかりとることができます。

サプリメントをとるときは…

◇微量栄養素のとり過ぎに注意しましょう !!

サプリメントだけに頼った食生活では、炭水化物やたんぱく質など主要な栄養素も適正にとれない上、おいしさ、楽しさも味わえません。

やっぱり

３度の食事をバランスよく食べましょう !!

鉄分の授業を応援します！

指導案 & 指導資料集

鉄分の指導案と、指導に役立つ資料集を掲載しています。成長期や過度なダイエットで、鉄分不足になりやすい子どもたち。鉄分の働きと栄養バランスのとれた食事の大切さを教え、残さず食べる意欲につなげます。

鉄分を多く含む食品・働きを知る

1．題材名　鉄分の働きを知り、バランスよく食べよう

2．題材設定の理由

中学生になると部活が盛んになり、激しく運動する機会が増え、貧血の症状も見られるようになる。そこで成長期の子どもたちにとって重要な栄養素である鉄分の働きを知らせ、バランスよく食べようという意欲を持たせたいと願い本題材を設定した。

3．本時のねらい

鉄分の働きや鉄分を含む食品を知り、バランスよく食べようという意欲を持つことができる。

4．展開

段階	学習活動	指導上の留意点	資料など
導入3分	1．自分の体調を振り返る（貧血の症状がないかどうか）。	・貧血の症状がないか聞く（頭痛・めまい・手足の冷え・疲れやすいなど）。	フラッシュカード
展開10分	2．貧血の予防について考える。 3．給食の献立を確認しながら、鉄分の豊富な食品を考える。	・貧血予防のためには、鉄分が必要であることを伝える。 鉄分の働きを知り、バランスよく食べよう	鉄分の働き図 その日の給食（鉄分を多く含む食品を入れた献立）
まとめ2分	4．学習を振り返って感想を発表する（数名）。	・貧血予防のためには、鉄分のほかにもたんぱく質やビタミンCも必要なことを知らせ、バランスよく食べるよう呼び掛ける。	

5．評価

・鉄分不足による健康への影響を理解できたか。

・バランスよく食べようとする意欲が持てたか。

鉄分不足における健康への影響を知る

1．題材名　鉄分の働きを知り、バランスよく食べよう

2．題材設定の理由

小学校高学年ぐらいになると、男子は好きなものばかり食べて肥満気味の児童が増えてくる。女子はダイエットを意識しすぎて、食事のバランスが崩れがちになる。そのため、この時期は貧血の症状が出やすくなることから、からだに必要な栄養素を十分とるためにはどんな食品がよいか、自ら選ぶことができるように願い、本題材を設定した。

3．本時のねらい

鉄分不足による健康への影響を知り、バランスよく食べようとする意欲を持つことができる。

4．展開

段階	学習活動	指導上の留意点	資料など
導入3分	1．給食の献立（レバーが入った料理）から、からだの中での鉄分の働きを確認する。	・レバーに含まれる鉄分は血液をつくる大切な栄養素であることに気づかせる。 ・成長期には特に大切だということを伝える。	きょうの給食の献立
展開10分	2．不足するとどうなるかを知る。 3．どのような食生活を送ればよいのか知る。	鉄分の役割と、上手なとり方 〈からだの中の血液が薄くなる〉 ・疲れやすい　・手が冷たい ・爪の色が白っぽい ・食欲がなくなる　・顔色が悪い ※ひどい貧血でも、本人があまり症状を感じないこともあることを伝える。 ・鉄分の多い食品をとる ・バランスのよい食事をする 鉄分をつくる仲間のたんぱく質 吸収を助けるビタミンC ・規則正しい生活を送る 鉄分の消化吸収がよくなるように	フラッシュカード 絵カード
まとめ2分	4．自分の食事の反省をする。	バランスよく食べようという意欲を持たせる。	

5．評価

・鉄分不足による健康への影響を理解できたか。

・バランスよく食べようとする意欲が持てたか。

鉄分不足における健康への影響を知る

1．題材名　鉄分の働きについて知ろう

2．題材設定の理由

中学生になると部活動が盛んになり、激しい運動をする機会が増える。また、成長期のため、全校朝会で長時間立っていたり、体力検査で走ったりした後、気分が悪くなるなど、貧血の症状が見られるようになる。

そこで、からだに必要な栄養素を十分とるためにはどんな食品をとればよいか、自ら選ぶことができるように願い本題材を設定した。

3．本時のねらい

・本日の魚メニュー「カツオのピーナッツがらめ」（56ページ参照）を食べながら、カツオに多く含まれている鉄分の働きを知る。

・鉄分はからだにとって大切な働きをすることを知り、「残さず食べよう」とする意欲を持つことにつなげる。

・鉄分の1日の必要量を知る。

4．展開

段階	学習活動	指導上の留意点	資料など
導入3分	1．本日の給食メニューを確認する。 ・主菜の「カツオのピーナッツがらめ」に含まれる栄養素「鉄分」について学習することを知る。	・生徒に発表させる。 ・カツオの中には「鉄分」という栄養素がたくさん含まれていることを知らせる。 ［鉄分の働きを知ろう］	今日の給食献立
展開5分	2．血液の大切な成分に「鉄分」があることを知らせる。 ・1日に必要な鉄分は12mgであることを知らせる。 ・鉄分の吸収を助けるビタミンCを知る。	〈鉄分の働き〉 ①血液をつくるもとになる ②血液の中で、たんぱく質とくっついて、からだのすみずみまで酵素や栄養素を運ぶ ③からだの中の老廃物を運ぶ 〈赤血球の働き〉 ・今日のカツオのピーナッツがらめを食べると1.1mgの鉄分がとれ、給食を全部食べると、1日に必要な量の3分の1がとれることを知る。 ・今日の献立の「清美柑」のようなビタミンCの多い食品は、鉄の吸収を助けることを知らせる。	絵 鉄分の働き

まとめ2分	3．給食には、「鉄分」が多く含まれていることを知る。	・給食には、「鉄分」が多く含まれていることを知り、残さず食べようという気持ちを持つ。	

5．評価

・鉄分の働きを理解できたか。

・魚を残さないようにしようという気持ちが持てたか。

望ましい鉄分摂取を考慮した食生活ができる

1．題材名　鉄分とれているかな

2．題材設定の理由

中学生の時期は部活動が盛んになり、激しい運動をするスポーツでは、貧血の症状が現れる者も出てくることが考えられる。食べるものの好みもはっきりしてくるこの時期に、からだに必要な栄養素を十分とるためにはどんな食品がよいのか、自ら選ぶことができ、貧血を予防して健康なからだ作りができるように願い、本題材を設定した。

3．本時のねらい

貧血検査には現れなくても鉄分が不足する場合があることを知り、鉄分の多い食品を積極的にとろうとする意欲を持つ。

4．展開

	学習活動	指導上の留意点	資料
導入3分	1．貧血検査の結果から自分のクラスの様子を知る。 ・治療が必要な人のほかに、貧血になりそうな人もいるんだ。	・鉄を主原料とするヘモグロビンの値から、貧血症予備軍もいることを押さえる。 ・予備軍の人の症状を伝える。 ○疲れやすい ○頭痛 ○動悸 ○食欲不振　など	貧血検査結果グラフ（クラス集計分） フラッシュカード
	鉄分を多く含む食品を積極的に食べよう		
展開10分	2．貧血を防ぐためには、どんな食生活をしたらよいのだろう。 ・苦手な食べ物にも、鉄分が多く含まれているんだ。 ・予備軍の人はちゃんと食べないと貧血になりやすいんだね。	・嫌われがちな食品に鉄分が多く含まれることを押さえる。それらは給食の材料に使われていることを伝える。 ・治療が必要な人は薬を飲むが、予備軍の人は食事をきちんとすることで防ぐことができることを押さえる。	鉄分を多く含む食品の絵パネル
まとめ2分	3．給食と同じようにバランスのよい食事が家でもできるようにしよう。	・中学生の成長と活動に欠かせない栄養素がバランスよく含まれる給食を残さずに食べること、また、家庭でもバランスのとれた食事をとることが大切だということを押さえる。	

5．評価

・給食を残さず食べ、家庭でもバランスのとれた食事とろうとする意欲を持つことができたか。

保健学習指導案　「貧血」を予防しよう

1．題材名　「貧血」を予防しよう　(本時の位置…病気の予防　1時間扱い)

2．ねらい

貧血の原因を知って、友達の食事の改善を一緒に考えることにより、バランスのよい栄養補給の大切さに気づくことができる（友達の苦手なものを考えることで、客観的に自分の苦手なものを克服する）。

3．指導上の留意点

(1) 導入の場面では、持病のある児童に配慮して指名計画を立てる。

(2) 食べられないことを批判するのではなく、「どうしたら食べられるようになるかな」という気持ちを大切にしたい。

4．展開

	学習活動	予想される児童の活動	教師の支援・評価	時間	資料
導入	1．午前中に具合が悪くなったり、保健室に行ったりした経験を語り合う。 2．何が原因か考える。	・「気持ちが悪くなった」 ・「ボーッとなり目がまわった」 ・「学習に対してやる気が出なかった」 ・「ちゃんとご飯を食べてこなかった」 ・「栄養が足りない」 ・「貧血」	「朝行事などで具合が悪くなったことはありますか？」 ・自分のからだや友達のからだに実際に起こったことを問う。 「どうして具合が悪くなったか考えてみましょう」	5	ビデオまたは担任や知人の体験談など
展開	3．貧血とその原因を知る。 4．貧血の予防について知る。 5．貧血予防についてシミュレーションをして、自分の食生活の問題点に気づく。	・血がなくなるんだよ ・ケガとかして足りなくなる ・血が少なくなるのではなく血が薄くなるんだ ・鉄の多い食べ物を食べる ・好き嫌いしないで食べる 「こんな食べ物を食べればいいんだな」 〈2人1組で〉 ・レバーなんて食べるの嫌だよ ・じゃあほうれん草は？ ・好き嫌いをせずにバランスよく食べることが大事だ ・工夫して食べたい	「では今日は貧血について考えてみましょう」 ・貧血の原因と貧血について知らせる。 「どうしたら貧血にならないんだろう」 ・貧血予防について説明する。 **評価…貧血を予防しようとする気持ちが持てたか。** 「では、貧血の患者さんと栄養士さんになって聞いてみましょう」 「患者さんは偏食についても相談してみましょう」	10 25	

終 末	・本時を振り返って、学んだことを発表しあう。		**評価…食べようとする意欲を持てたか。** バランスが大切であることがわかったか。		

5．評価

・貧血を予防しようとする気持ちが持てたか。

・食べようとする意欲を持てたか。

・バランスが大切であることがわかったか。

栄　養　カ　ル　テ

ひんけつをよぼうするには

なまえ＿＿＿＿＿＿＿＿＿＿＿＿＿＿

アドバイザー＿＿＿＿＿＿＿＿＿＿＿

○からだに出ているしょうじょう。

○苦手な食べ物。

○どんなふうにしたらいいかな。アドバイスしたこと。

○実行できそうなこと。

鉄分って何だろう？

鉄分は、血液の赤血球中の血色素（ヘモグロビン）を構成する成分です。赤血球は肺から取り込んだ酸素を全身に運ぶ役割をしており、それには鉄分は欠かすことができません。

しかし、鉄分が多く含まれる食品は限られている上に、体内で吸収しにくいため、意識して鉄分の多い食品をとる必要があります。

酸素を運ぶ

鉄分の働き

①血液をつくるもとになる。
②血液の中で、たんぱく質とくっついて、からだのすみずみまで酸素や栄養素を運ぶ。
③血液の中で、からだの中の老廃物（いらなくなったもの）を運ぶ。

ちょっと詳しく

● **鉄分について**

鉄分は、赤血球の中の血色素（ヘモグロビン）を構成する成分です。

ヘモグロビンは、酸素を肺で受け取り、全身に運ぶ役目をします。

また、食べたものをエネルギーに変えるときや、筋肉の収縮や肝臓の解毒作用にも鉄が大切な働きをしています。

● **赤血球のできる仕組み**

赤血球は、骨髄で造血幹細胞からつくられます。このときに、鉄分、たんぱく質、ビタミンB_{12}、葉酸が必要です。鉄分が不足すると、ヘモグロビンの少ない、うすい血液（貧血）になってしまいます。

貧血になるとどうなるの？

貧血ってなあに？

貧血の症状

病気ではないのに、このような症状に思い当たることはありませんか？

疲れやすい

どうきやいきぎれがする

顔色が悪い
フラフラする

貧血とは

体内の鉄分が不足して起こるのが、鉄欠乏性貧血です。めまいや立ちくらみ、からだが疲れやすい、注意力や記憶力の低下といった症状が出ます。これを引き起こす要因として、ダイエットや不規則な生活、偏食などが挙げられます。主に若い女性がなるものと思われがちですが、成長期の子どもたちにとっても鉄分は不足しやすく、注意が必要です。

どうして貧血になるの？

鉄欠乏性貧血は、毎日の生活習慣や食事が大きく関係しています。自分の生活を振り返ってみましょう。

食べ物の好き嫌いが多い

不規則な生活

無理なダイエット

では、どんなものを食べればいいのか考えてみましょう。

鉄分の指導資料3

貧血を防ぐ食べ物（1）

鉄分を含む食べ物を意識してとるようにしましょう。

鉄分の多い食べ物

鉄分は、レバー、赤肉、アサリなどの貝類、豆類、ヒジキ、ドライプルーン、小松菜などの緑の濃い野菜などに多く含まれています。

貧血を防ぐ食べ物（2）

鉄分の吸収を助ける——ビタミンCの多い食べ物

いちご、みかんやオレンジ、ブロッコリー、れんこん、ほうれん草など

ブロッコリー

ほうれん草

れんこん

キャベツ

いちご

みかん

赤血球をつくるのに役立つ①——葉酸の多い食べ物

ブロッコリー、ほうれん草、春菊、アスパラガス、えだまめ、大豆、レバーなど

ブロッコリー

春菊

アスパラガス

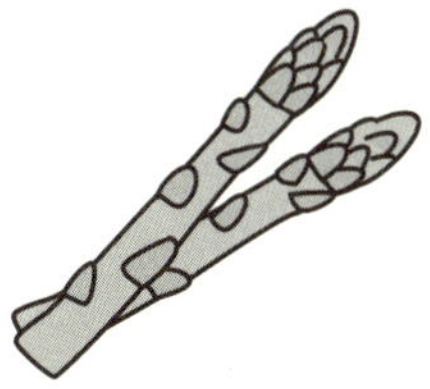

赤血球をつくるのに役立つ②——ビタミンB_{12}の多い食べ物

サンマ、イワシ、イカ、アサリ、レバー、のりなど

サンマ

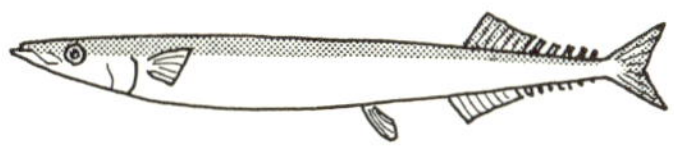

レバー

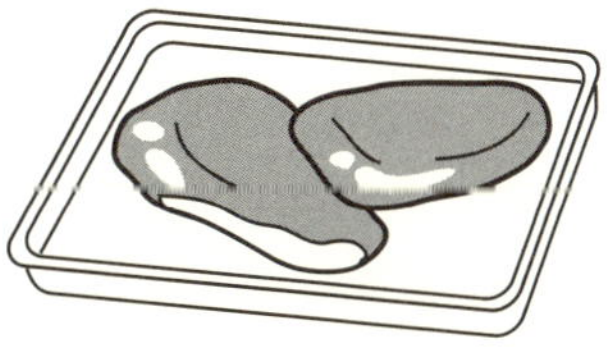

イカ

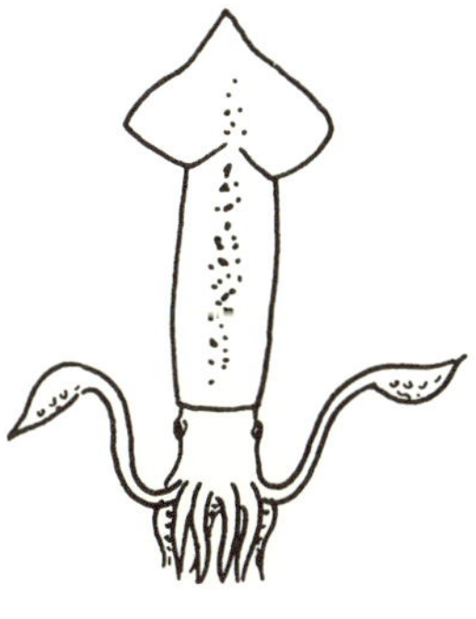

おわりに

献立は生きた教科書

食に関する家庭の教育力が二極化する中で、学校給食の担う役割は重要です。「食の大切さ」を認識していない保護者が多い中、子どもたちに健康で生きることの大切さ、素晴らしさを伝えていくことが私たちの使命です。昔は、家庭の食事の時間に当たり前のように交わされていた会話の中で、親から子、子から孫に伝えられてきた「食べることへの感謝」「旬の食材」「郷土食」「行事食」などが伝わりにくくなりつつある現在、学校給食を通じてその重要性を伝えていく必要があります。

学校給食では子どもたちが大人になった時に食事作りのお手本になるような献立を作り、食の指導を行い、「これからを担う子どもたちが心もからだも健康に生きる力」を育てていくことが私たちの目指すべき姿だと思います。

どのような給食を作ればよいのか

いくら栄養バランス満点の料理を作っても、おいしくなければ食べてもらえませんし、心も満足しません。残食になってしまえば、所要量を満たしたことにはなりません。まず学校給食はおいしくなければならないと思います。

特に給食では子どもたちが「初めて食べる味」に出会うことも多いです。初めて食べた食材の味がそのおいしさを十分引き出せていなかったら…きっとその食事は「まずい」という記憶が残り、好き嫌いにつながってしまうでしょう。

さて、どんな味がおいしいのでしょうか。

①地産地消をすすめ、旬の食材を取り入れましょう

天然だしを丁寧にとった味は、薄味でも素材のおいしさが生きておいしくいただけます。旬の食材、とれたて野菜は味が濃く、その食材本来の味がわかります。地産地消の取り組みをすすめ、地域の方たちと協力しながら旬の食材を生かした献立作りを行い、材料と調理法に季節感が出せるように配慮しましょう。

②味に変化をつけましょう

五味（甘い・しょっぱい・酸っぱい・辛い・苦い）の組み合わせは大切です。献立作成の中で味つけの重なりや調理法の重なりがないように考えましょう。バラエティに富んだメニュー作りも子どもたちの味覚の幅を広げることができます。

③望ましい食事のモデルとなるよう配慮しましょう

献立を生きた教材として活用するためには栄養バランスも重要です。毎日の給食の献立が「何をどれだけ食べたらよいのか」がわかる「１食の望ましい食事のモデル」にならなければなりません。主食＋主菜＋副菜＋その他（汁物、果物、デザートなど）

がそろった、望ましい食事のモデルを毎日目で見て、味わって食べることを続けていくことで、将来子どもたちが食事を作る立場になったときの実践力につながります。

栄養所要量も毎日完璧な数値を目指すのではなく、１週間程度で平均してとれるように考えるとよいでしょう。

④献立に「思い」を込めましょう

教育的に配慮された献立であることも重要です。年間計画に基づき、郷土食・行事食などを取り入れながら、先人の知恵が生きた食文化を後世に伝えていく努力をしましょう。

児童生徒の日頃の食習慣を考慮し、また家庭で不足しがちな栄養素（特にカルシウム、鉄分、食物繊維）をしっかりとることができるように配慮しましょう。

私たち栄養教諭・学校栄養職員は栄養のプロです。生きた教材として常に自信を持って給食が出せるように、子どもたちが明日の給食を楽しみに待ってくれるような「良い仕事」ができるように、日々努力しましょう。

料理名さくいん

鉄分が多い料理を集めました！
―「主食」「汁物」「主菜」「副菜」「デザート」別一覧―

このページ（110～111ページ）に掲載しているものは、1.0mg以上の鉄が含まれる料理を中心に、分類別に一覧にしています。

鉄分のとれる献立集

鉄分の指導案付き

2008年8月8日発行

編●長野県学校保健会栄養教諭・学校栄養職員部会
発行者●細井壯一
発行所●全国学校給食協会
〒102-0074　東京都千代田区九段南2-5-10-1F
http://www.school-lunch.co.jp
Tel.03-3262-0814　Fax.03-3262-0717
振替00140-8-60732
印刷所●株式会社技秀堂

ISBN978-4-88132-058-7
落丁本・乱丁本はお取り替えします。